AF274552

Auditoría de seguridad informática

Certificados de profesionalidad

RE/SEGINF/DG/5-51

 *Anagrama «LUCHA CONTRA LA PIRATERÍA», propiedad de Unión Internacional de Escritores.*

Será perseguida de acuerdo con la legislación vigente la reproducción total o parcial de esta obra por cualquier medio, existente o de próxima invención, incluido el tratamiento informático, transformación, plagio, distribución, fotocopia o comunicación de cualquier forma, ya sea por métodos electrónicos, mecánicos o por registro, sin el permiso previo y por escrito de los editores y titulares del ©. No está permitida cualquier otra forma de cesión de uso del ejemplar.

CONSEJO DE REDACCIÓN

Mariano Jorge García
Cristina Monge Pascual

MAQUETACIÓN

Beatriz Mateos Caballero

ILUSTRACIÓN DE CUBIERTA

Ignacio Velasco Marugán

© Centro de Estudios ADAMS. Ediciones Valbuena
C/ Narciso Serra, 14
28007 Madrid
adamsediciones@adams.es
www.adams.es

I.S.B.N.: 978-84-1077-450-6
Depósito legal: M-12844-2025
Editado en mayo de 2025
Imprime: Centro de Estudios Adams. Ediciones Valbuena, S.A.
Impreso en España. Printed in Spain

Diríjase a CEDRO (Centro Español de Derechos Reprográficos, www.cedro.org) si necesita fotocopiar, escanear o hacer copias digitales de algún fragmento de esta obra.

Presentación

Comprometidos por ofrecer una propuesta formativa ajustada a las necesidades de la sociedad y del mercado de trabajo, Grupo ADAMS presenta este curso de **Auditoria de seguridad informática** desarrollado conforme a los **Certificados de Profesionalidad** y, por tanto, vinculado al **Catálogo Nacional de Cualificaciones**. De esta manera, es posible obtener la acreditación oficial, con validez en todo el territorio nacional, de estar en posesión de las aptitudes y conocimientos que permiten un óptimo desempeño profesional, una vez superadas las pruebas establecidas al efecto.

Esta **Unidad Formativa**, con una duración asociada de 90 horas, forma parte del **Certificado de Profesionalidad de Seguridad informática** (aprobado por el Real Decreto 686/2011, de 13 de mayo), perteneciente a la familia de Informática y Comunicaciones.

En la elaboración de los contenidos hemos pretendido garantizar la **adquisición, mejora y actualización de las competencias profesionales** requeridas en el mercado laboral, así como fomentar el **aprendizaje**.

Para conseguir tal objetivo, cada unidad didáctica presenta la siguiente estructura:

UNIDAD DIDÁCTICA 1

Criterios generales comúnmente aceptados sobre auditoría informática

Título

Según el programa oficial publicado en el BOE.

Objetivos

Al comienzo de la unidad didáctica, identifican las capacidades que podrás adquirir.

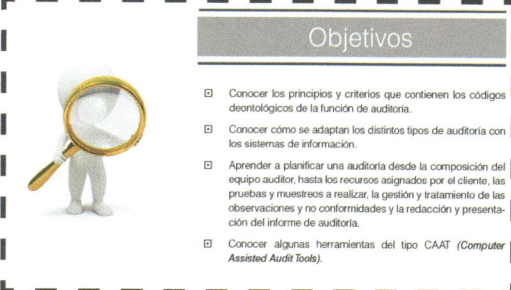

Objetivos

☐ Conocer los principios y criterios que contienen los códigos deontológicos de la función de auditoría.

☐ Conocer cómo se adaptan los distintos tipos de auditoría con los sistemas de información.

☐ Aprender a planificar una auditoría desde la composición del equipo auditor, hasta los recursos asignados por el cliente, las pruebas y muestreos a realizar, la gestión y tratamiento de las observaciones y no conformidades y la redacción y presentación del informe de auditoría.

☐ Conocer algunas herramientas del tipo CAAT (*Computer Assisted Audit Tools*).

Contenido

Introducción

1. Código deontológico de la función de auditoría
2. Relación de los distintos tipos de auditoría en el marco de los sistemas de información
3. Criterios a seguir para la composición del equipo auditor
4. Tipos de pruebas a realizar en el marco de la auditoría, pruebas sustantivas y pruebas de cumplimiento
5. Tipos de muestreo a aplicar durante el proceso de auditoría

Índice de contenidos

Proporciona una visión general del contenido, enumerando todos los aspectos que se desarrollan en la unidad didáctica.

Criterios generales comúnmente aceptados sobre auditoría informática · **ADAMS**

CISA Certified Information Systems Auditor®
An ISACA Certification

Certificado cisa.

Para cubrir esta laguna legal existen en la actualidad equipos de auditores certificados por entidades privadas como ISACA, ya mencionada anteriormente, con presencia en más de 150 países. Dicha entidad ofrece la certificación CISA (*Certified Information Systems Auditor* o auditor certificado de sistemas de información) que se considera un estándar de facto en la auditoría de seguridad y de sistemas de información.

Por otra parte, dado que el ámbito de la auditoría puede ser muy diverso —organización del departamento de sistemas, seguridad de accesos lógicos, seguridad física, desarrollo y mantenimiento de software de aplicaciones, etc.— otro criterio de selección debería ser la experiencia práctica en auditorías del tipo de servicios o sistemas que deseen ser auditados.

Así, la auditoría del proceso de diseño y mantenimiento de software de aplicaciones debería realizarse por equipos compuestos por auditores certificados y profesionales del desarrollo que estén desarrollando su actividad profesional en la actualidad como auditores de aplicaciones.

La contratación de equipos auditores con certificados CISA garantiza el conocimiento de técnicas de auditorías informáticas y el cumplimiento del estricto código deontológico de esta organización.

En resumen, ante la ausencia de regulación legal de la auditoría de sistemas, los criterios de selección de equipos auditores se resumen en dos:
- Pertenencia al equipo de personal certificado por entidades de reconocido prestigio.
- Pertenencia al equipo de personal con experiencia profesional el ámbito de la auditoría.
De esta forma, cubrimos tanto el conocimiento del objeto auditado como el conocimiento en las técnicas de auditoría y la garantía del respeto a las normas establecidas por el código ético establecido en la certificación aportada por los miembros del equipo.

21

Exposición y desarrollo

Del contenido del programa oficial, con notas destacadas al margen, como "Definición", "Recuerda", "Información"…

ADAMS · Auditoría de seguridad informática

- Las características que se requieren de las herramientas, presentes o futuras, para soportar el proceso de análisis y gestión de riesgos.
- Una guía comparativa de cómo Magerit versión 1 ha evolucionado a la versión 2 y a la 3, actualmente vigente.

Se adjunta breve esquema del abordaje de la gestión de riesgos que propone la metodología **MAGERIT**.

Puedes consultar más información sobre MAGERIT versión 3 en el siguiente enlace:
https://pilar.ccn-cert.cni.es/docman/documentos/1-magerit-v3-libro-i-metodo/file

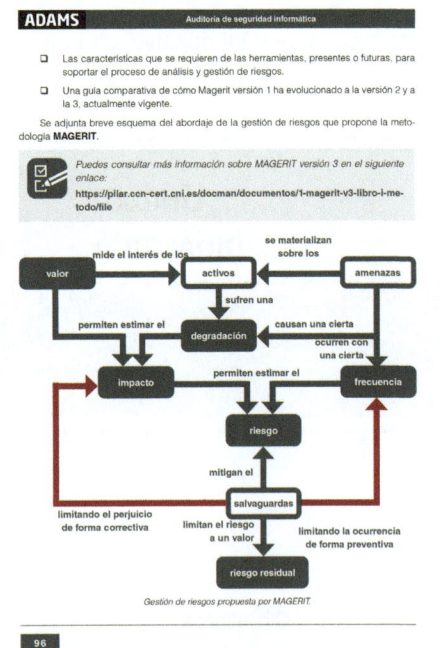

Gestión de riesgos propuesta por MAGERIT.

96

Ejemplos y Actividades

Interrelacionados con los contenidos estudiados y que aportan una visión práctica de la materia.

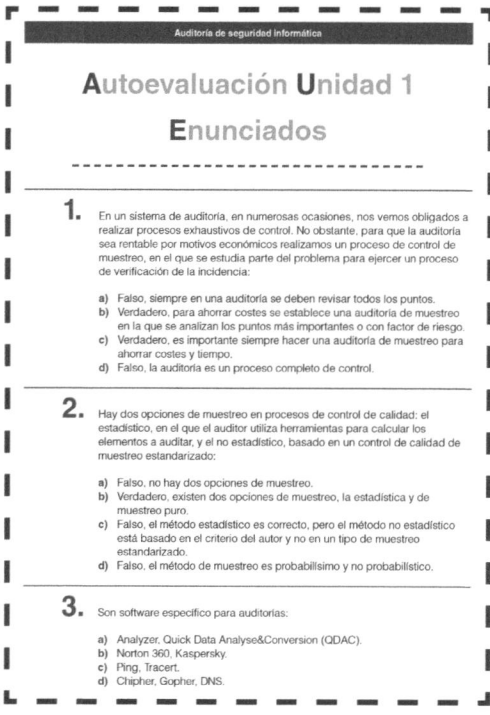

Autoevaluación Unidad 1

Enunciados

1. En un sistema de auditoría, en numerosas ocasiones, nos vemos obligados a realizar procesos exhaustivos de control. No obstante, para que la auditoría sea rentable por motivos económicos realizamos un proceso de control de muestreo, en el que se estudia parte del problema para ejercer un proceso de verificación de la incidencia:

a) Falso, siempre en una auditoría se deben revisar todos los puntos.
b) Verdadero, para ahorrar costes se establece una auditoría de muestreo en la que se analizan los puntos más importantes o con factor de riesgo.
c) Verdadero, es importante siempre hacer una auditoría de muestreo para ahorrar costes y tiempo.
d) Falso, la auditoría es un proceso completo de control.

2. Hay dos opciones de muestreo en procesos de control de calidad: el estadístico, en el que el auditor utiliza herramientas para calcular los elementos a auditar, y el no estadístico, basado en un control de calidad de muestreo estandarizado:

a) Falso, no hay dos opciones de muestreo.
b) Verdadero, existen dos opciones de muestreo, la estadística y de muestreo puro.
c) Falso, el método estadístico es correcto, pero el método no estadístico está basado en el criterio del autor y no en un tipo de muestreo estandarizado.
d) Falso, el método de muestreo es probabilísimo y no probabilístico.

3. Son software específico para auditorías:

a) Analyzer, Quick Data Analyse&Conversion (QDAC).
b) Norton 360, Kaspersky.
c) Ping, Tracert.
d) Chipher, Gopher, DNS.

Autoevaluaciones

Te ayudarán a comprobar el grado de asimilación de la materia estudiada, en base a las competencias a adquirir y sus criterios de realización.

Glosario

Te ayudará a comprender mejor el significado de algunas palabras.

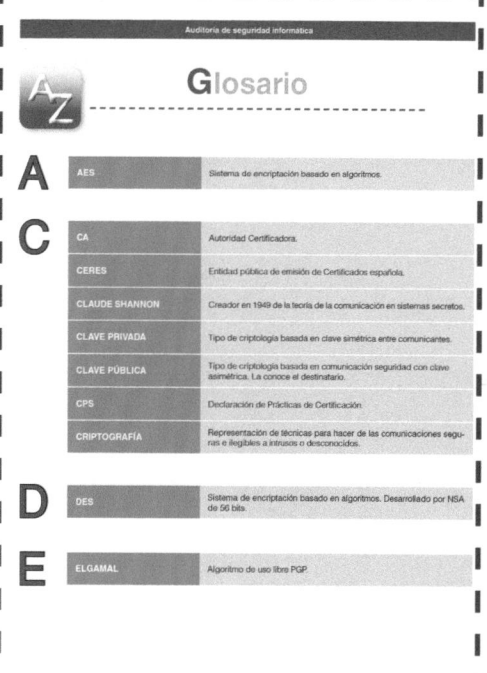

Glosario

A	AES	Sistema de encriptación basado en algoritmos.
C	CA	Autoridad Certificadora.
	CERES	Entidad pública de emisión de Certificados española.
	CLAUDE SHANNON	Creador en 1949 de la teoría de la comunicación en sistemas secretos.
	CLAVE PRIVADA	Tipo de criptología basada en clave simétrica entre comunicantes.
	CLAVE PÚBLICA	Tipo de criptología basada en comunicación seguridad con clave asimétrica. La conoce el destinatario.
	CPS	Declaración de Prácticas de Certificación.
	CRIPTOGRAFÍA	Representación de técnicas para hacer de las comunicaciones seguras e ilegibles a intrusos o desconocidos.
D	DES	Sistema de encriptación basado en algoritmos. Desarrollado por NSA de 56 bits.
E	ELGAMAL	Algoritmo de uso libre PGP.

Auditoría de seguridad informática

Webgrafía

- http://es.wikipedia.org/wiki/Auditor%C3%ADa_inform%C3%A1tica

  Auditoría Interna / Externa.

- www.icac.meh.es

  Web oficial del Instituto de Contabilidad y Auditoría de Cuentas.

- www.icjce.es

  Web del Instituto de Censores Jurados de Cuentas de España.

- www.tituladosmercantiles.org

  Web del Consejo Superior de Colegios Oficiales de Titulados Mercantiles y Empresariales de España.

Webgrafía

Para ampliar tus conocimientos en caso de considerarlo necesario.

En nuestra página web **www.adams.es** estarás al día de todo en cuanto a información sobre cursos, productos y servicios se refiere, además tendrás la opción de dirigirnos cualquier consulta o sugerencia a través de **adams@adams.es**

Esperando haber cumplido el objetivo propuesto, te expresamos nuestros mejores deseos de éxito.

ADAMS

Índice

Familia profesional: **INFORMÁTICA Y COMUNICACIONES**

Área profesional: **Sistema y telemática**

FICHA DE CERTIFICADO DE PROFESIONALIDAD: SEGURIDAD INFORMÁTICA (IFCT0109)

Correspondencia con el Catálogo Modular de Formación Profesional				
H. Q	**Módulos certificado**	**H. CP**	**Unidades formativas**	**Horas**
90	MF0486_3: Seguridad en equipos informáticos	90		90
90	MF0487_3: Auditoría de seguridad informática	90		90
90	MF0488_3: Gestión de incidentes de seguridad informática	90		90
60	MF0489_3: Sistemas seguros de acceso y transmisión de datos	60		60
90	MF0490_3: Gestión de servicios en el sistema informático	90		90
	MP0175: Módulo de prácticas profesionales no laborales	80		
420	**Duración horas totales certificado de profesionalidad**	500	**Duración horas módulos formativos**	420

Iconos

Actividad

Contenido extra

Definición

Ejemplo

Enlace web

Importante

Información

Lectura recomendada

Legislación

Listening

Nota

Objetivos logrados

Recuerda

Reflexiona

Vocabulario

Los Contenidos extra que complementan esta edición están disponibles en la página web:
https://www.recursoscertificados.com/9788410774506

Criterios generales comúnmente aceptados sobre auditoría informática

Objetivos

- ☑ Conocer los principios y criterios que contienen los códigos deontológicos de la función de auditoría.

- ☑ Conocer cómo se adaptan los distintos tipos de auditoría con los sistemas de información.

- ☑ Aprender a planificar una auditoría desde la composición del equipo auditor, hasta los recursos asignados por el cliente, las pruebas y muestreos a realizar, la gestión y tratamiento de las observaciones y no conformidades y la redacción y presentación del informe de auditoría.

- ☑ Conocer algunas herramientas del tipo CAAT *(Computer Assisted Audit Tools)*.

Contenido

Introducción

1. **Código deontológico de la función de auditoría**

2. **Relación de los distintos tipos de auditoría en el marco de los sistemas de información**

3. **Criterios a seguir para la composición del equipo auditor**

4. **Tipos de pruebas a realizar en el marco de la auditoría, pruebas sustantivas y pruebas de cumplimiento**

5. **Tipos de muestreo a aplicar durante el proceso de auditoría**

6. **Utilización de herramientas tipo CAAT (*Computer Assisted Audit Tools*)**

7. **Explicación de los requerimientos que deben cumplir los hallazgos de auditoría**

8. **Aplicación de criterios comunes para categorizar los hallazgos como observaciones o no conformidades**

9. **Relación de las normativas y metodologías relacionadas con la auditoría de sistemas de información comúnmente aceptadas**

 *Acude a los Contenidos Extra para ver el mapa conceptual general de esta Unidad Formativa.*

 *Acude a los Contenidos Extra para ver el mapa conceptual de esta Unidad Didáctica, objeto de estudio fundamental para situarte según avances en los contenidos.*

Introducción

De forma paralela a la extensión en el uso de las tecnologías, han ido creciendo las probabilidades de aparición de incidentes de diversa gravedad que podrían, en un extremo, paralizar la actividad entera de una organización o, incluso, de una ciudad entera.

Hoy en día, la dependencia de sistemas informáticos y de las comunicaciones es muy elevada; y la presencia de las medidas de seguridad se ha convertido en algo cotidiano.

Debemos ser capaces de conocer el grado de riesgo al que nuestro sistema está expuesto para establecer un diagnóstico correcto y proponer una batería de medidas de seguridad adecuadas a las necesidades y carencias detectadas.

Para realizar dicho diagnóstico debe realizarse una auditoría completa, sistemática y planificada, que no deje ningún cabo suelto y permita realizar un diagnóstico comprensivo y adecuado.

1. Código deontológico de la función de auditoría

*Un **código deontológico** es un conjunto de preceptos que establecen las obligaciones a las que se someten los profesionales que ejercen una determinada disciplina.*

El ejercicio profesional de la auditoría conlleva una gran responsabilidad, pues del resultado de las auditorías realizadas dependen las medidas que empresas y organizaciones deberán implantar para cumplir con determinadas normativas, certificaciones, legislación vigente, etc.

Una realización inadecuada, falta de rigor o poco con objetividad, puede dificultar o impedir que una empresa adecúe sus procesos, instalaciones, etc., de forma correcta. Esto podría suponer incurrir en prácticas irregulares, pérdida de certificaciones –por ejemplo en el ámbito de la gestión de la calidad– o, incluso, incumplir la legislación vigente, si pensamos en la realización de auditorías de adecuación a la normativa de protección de datos personales.

Por tanto, la labor de cualquier auditor y, en particular, de los auditores de seguridad informática, está definida por un marco deontológico estricto.

Los códigos deontológicos se desglosan, a su vez, en una serie de principios que delimitan el comportamiento esperado del profesional.

En particular, y entre otros, destaca el código ético profesional establecido por ISACA, anteriormente conocida como **Information Systems Audit and Control Association** o Asociación Internacional de Control y Auditoría de Sistemas, que es una de las principales entidades internacionales involucrada en el desarrollo, diseño y uso de prácticas de auditorías de información.

Algunos de los principios recogidos en este código ético son los siguientes:

❑ Respaldar la implementación y promover el cumplimiento con estándares y procedimientos apropiados del gobierno y gestión efectiva de los sistemas de información y la tecnología de la empresa, incluyendo la gestión de auditoría, control, seguridad y riesgos.

❑ Llevar a cabo sus labores con objetividad, debida diligencia y rigor/cuidado profesional, de acuerdo con los estándares de la profesión.

❑ Servir en beneficio de las partes interesadas de un modo legal y honesto y, al mismo tiempo, mantener altos niveles de conducta y carácter, evitando involucrarse en actos que desacrediten su profesión o a la Asociación.

 *Accede a la URL que se muestra a continuación para consultar el contenido completo del código ético profesional de ISACA.*

https://www.isaca.org/code-of-professional-ethics

Podemos resumir este código en las siguientes claves:

❑ Objetividad.

❑ Rigor.

❑ Independencia de criterio.

❑ Transparencia.

❑ Aprendizaje.

 *Con el estudio de este epígrafe hemos aprendido a:*

❑ Conocer los principios y criterios que contienen los códigos deontológicos de la función de auditoría.

2. Relación de los distintos tipos de auditoría en el marco de los sistemas de información

Existen diversos enfoques sobre los tipos de auditoría realizados en el marco de los sistemas de la información.

 *La norma ISO 9000:2015 define la auditoría como un proceso sistemático, independiente y documentado para obtener evidencias objetivas y evaluarlas de manera objetiva, con el objetivo de determinar el grado en que se cumplen los criterios de auditoría.*

Este proceso es clave para evaluar la eficacia de los sistemas de gestión de calidad y asegurar el cumplimiento de los requisitos.

El propio ISACA define la Auditoría de los Sistemas de Información como:

 *Para el ISACA, es auditoría de sistemas de la información toda revisión y evaluación de los aspectos, en su totalidad o en parte, de los sistemas automatizados de procesamiento de información, incluyendo procedimientos relacionados o automáticos, y sus interrelaciones.*

En un sentido amplio, podemos considerar que la **auditoría de sistemas informáticos y de comunicaciones** es un proceso de recogida, agrupamiento y evaluación de evidencias a fin de establecer el grado en que un sistema informático dado protege y conserva la información de la organización, en cuánto mejora la eficacia de la organización y su eficiencia en el uso de los recursos puestos a su disposición para llevar a cabo sus funciones.

Por último, es importante diferenciar la auditoría de los necesarios sistemas de control que todo sistema informático debe establecer para valorar la calidad de su prestación.

Una excelente herramienta para valorar la calidad de la prestación de los servicios de un sistema informático es el conjunto de reglas CoBIT.

Visita la URL https://www.isaca.org/resources/cobit para revisar el contenido de las reglas CoBIT.

Intentar diferenciar las labores de control que propone del concepto de auditoría.

2.1. Tipos de auditoría

Existen numerosos tipos de auditoría informática, pero todos ellos se pueden agrupar en dos grandes conjuntos:

❑ **Cuantitativas:** basadas en modelos matemáticos que nos informan del grado de cumplimiento de los requisitos del sistema normalmente en términos de porcentaje de consecución.

❑ **Cualitativas:** basadas en criterios de evaluación y en la observación de evidencias que nos informen sobre tales criterios.

2.1.1. Auditorías cuantitativas

Utilizan una relación de riesgos potenciales a los que se asignan unos valores numéricos en función de su criticidad y probabilidad o frecuencia de aparición.

Estos valores se asocian, a su vez, a las contramedidas de carácter normalmente técnico, que reducen la aparición de tales riesgos. Es decir, en el proceso de análisis de riesgos, una vez identificadas amenazas, activos y debilidades del sistema, encontraremos en el propio proceso una serie de contramedidas previamente definidas entre las cuales elegiremos aquellas que mejor se adapten a los resultados de la auditoría.

Estos modelos están en desuso al presentar gran debilidad en el rigor de sus datos, pues para ser fiables en términos de probabilidad de ocurrencia, se requieren grandes cantidades de registros.

2.1.2. Auditorías cualitativas

Se basan a su vez en métodos estadísticos, cuantitativos, y en lógica borrosa.

Requieren la presencia de personal experimentado, aunque se suelen realizar en plazos más reducidos que las auditorías cuantitativas.

En la práctica, las auditorías recogen aspectos tanto cuantitativos como cualitativos en su realización. En cuanto a las metodologías más comunes en el ámbito de las auditorías cualitativas son las referentes a análisis de riesgos, planes de contingencias y controles generales.

En cuanto a las de **análisis de riesgos**, todas ellas tienen en común la identificación de riesgos y vulnerabilidades, la valoración de su impacto en el negocio y la posterior identificación de contramedidas, así como su coste. Por último, se valora mediante juegos de simulación "¿qué pasa si...?" la eficacia de las contramedidas, la reducción en la pérdida de información esperada y su ahorro en términos económicos, si es posible de determinar. Por último, se elabora un **plan de contramedidas de seguridad** que será el resultado final de la auditoría.

Existen numerosas metodologías, entre las que destacamos MAGERIT, desarrollada en España por las Administraciones Públicas, PRIMA, RISKWATCH, etc.

2.2. Tipos de auditorías en relación a sus objetivos

Podemos atender a diversos criterios a la hora de categorizar los tipos de auditoría existentes. En primer lugar, podemos considerar, en relación con la anterior definición de auditoría de sistemas, que una **auditoría informática** tiene como objetivos genéricos:

❑ La protección y defensa de la información alojada en el propio sistema.

❑ La calidad de la gestión, medida bajo criterios de eficacia y eficiencia.

En el ámbito de la **seguridad**, podemos considerar los siguientes tipos de auditorías:

❑ **Auditoría de seguridad interna.** En esta auditoría se valora el grado de seguridad de la red interna, mediante la detección y eventual mitigación del máximo de vulnerabilidades en servidores internos, comunicaciones no seguras en la red corporativa, malas configuraciones, sistemas desactualizados, redes WIFI no seguras y, en definitiva, identificación de los potenciales vectores de ataque que puedan provocar la extracción o riesgos de alteración de la información sensible.

❑ **Auditoría de seguridad perimetral**. En esta modalidad de auditoría se analiza el grado de seguridad que ofrece el perímetro de la red local y su grado de vulnerabilidad a intrusiones exteriores. La auditoría de seguridad externa o auditoría de caja negra asume el rol de un atacante externo a la empresa o hacker que, sin el conocimiento de ninguna información previa, podría llegar a obtener acceso a información sensible. Se realiza mediante la simulación de un ataque de algún hacker o grupo malicioso externo que ejecuta unos procedimientos de intentos de acceso con el fin de conseguir infiltrarse en la red corporativa para conseguir información sensible.

❏ **Test de intrusión**. El test de intrusión es un método de auditoría mediante el cual se intenta acceder a los sistemas para comprobar el nivel de resistencia a la intrusión no deseada. Es un complemento fundamental para la auditoría perimetral y su objetivo es determinar el grado de acceso que podría llegar a tener un atacante con intenciones maliciosas.

❏ **Análisis forense**. El análisis forense es una metodología de estudio adaptada al análisis de incidentes una vez que estos han ocurrido. Su objetivo es reconstruir el proceso de acceso no autorizado al sistema, tratando de identificar al autor, las causas y el método de acceso empleado con el fin de establecer las medidas de prevención que eviten este tipo de intrusiones en el futuro.

❏ **Auditoría de páginas web**. Aunque de hecho forma parte de la auditoría externa, posee unas características específicas que, junto con su trascendencia dada la enorme cantidad de páginas y aplicaciones web existentes en la actualidad, constituye por sí misma una tipología específica de auditoría de seguridad. Entre las medidas que se llevan a cabo, destacan los siguientes procedimientos:

♦ Verificación de vulnerabilidades como la inyección de código SQL.

♦ Verificación de existencia y anulación de posibilidades de Cross Site Scripting (XSS), etc.

❏ **Auditoría de código fuente**. El análisis de aplicaciones y de su código fuente ayuda a las empresas a conocer el nivel de seguridad de las aplicaciones utilizadas en sus sistemas de información, estudia el nivel de seguridad del código de las aplicaciones de la empresa y del software de base en que se apoya.

Con el estudio de este epígrafe hemos aprendido a:

❏ *Conocer como se adaptan los distintos tipos de auditoría con los sistemas de información.*

3. Criterios a seguir para la composición del equipo auditor

A diferencia del auditor de cuentas, cuyos requisitos profesionales y formativos están regulados mediante la legislación vigente, en el ámbito de la auditoría informática únicamente existen las Normas Técnicas de Auditoría de carácter meramente normativo, y no tienen, por tanto, implicación legal alguna.

Certificado cisa.

Para cubrir esta laguna legal existen en la actualidad equipos de auditores certificados por entidades privadas como ISACA, ya mencionada anteriormente, con presencia en más de 150 países. Dicha entidad ofrece la certificación CISA (*Certified Information Systems Auditor* o auditor certificado de sistemas de información) que se considera un estándar de facto en la auditoría de seguridad y de sistemas de información.

Por otra parte, dado que el ámbito de la auditoría puede ser muy diverso —organización del departamento de sistemas, seguridad de accesos lógicos, seguridad física, desarrollo y mantenimiento de software de aplicaciones, etc.— otro criterio de selección debería ser la experiencia práctica en auditorías del tipo de servicios o sistemas que deseen ser auditados.

Así, la auditoría del proceso de diseño y mantenimiento de software de aplicaciones debería realizarse por equipos compuestos por auditores certificados y profesionales del desarrollo que estén desarrollando su actividad profesional en la actualidad como auditores de aplicaciones.

La contratación de equipos auditores con certificados CISA garantiza el conocimiento de técnicas de auditorías informáticas y el cumplimiento del estricto código deontológico de esta organización.

En resumen, ante la ausencia de regulación legal de la auditoría de sistemas, los criterios de selección de equipos auditores se resumen en dos:

❑ *Pertenencia al equipo de personal certificado por entidades de reconocido prestigio.*

❑ *Pertenencia al equipo de personal con experiencia profesional el ámbito de la auditoría.*

De esta forma, cubrimos tanto el conocimiento del objeto auditado como el conocimiento en las técnicas de auditoría y la garantía del respeto a las normas establecidas por el código ético establecido en la certificación aportada por los miembros del equipo.

4. Tipos de pruebas a realizar en el marco de la auditoría, pruebas sustantivas y pruebas de cumplimiento

4.1. Pruebas sustantivas

 *Son las pruebas diseñadas a fin de conseguir evidencia referida a la información de sistemas auditada, respecto a la posible pérdida de información. Están relacionadas con la integridad, la exactitud y la validez de la información auditada.*

Los procedimientos sustantivos intentan dar validez y fiabilidad a toda la información que genera la propia actividad de los sistemas informáticos, en particular a las vulnerabilidades y debilidades del sistema que puedan incurrir en pérdidas de información. Las pruebas sustanciales se orientan a obtener evidencia de la siguiente manera:

❑ **Evidencia física:** permite identificar la existencia física de dispositivos y otros recursos, cuantificar las unidades en poder de la empresa y, en ciertos casos, especificar su calidad.

❑ **Evidencia documental:** consistente en verificar documentos como procedimientos, notas técnicas, protocolos, planes de contingencia, etc.

❑ **Evidencia por medio de comparaciones y ratios:** es un medio de localizar cambios significativos en los resultados registrados que deberán ser explicados al auditor.

❑ **Evidencia por medio de cálculos:** realización de cálculos y pruebas globales para verificar la precisión aritmética de registros y documentos.

❑ **Evidencia verbal:** por medio de preguntas a empleados y ejecutivos.

❑ **El control interno como evidencia:** es un medio de obtener evidencia sustantiva y al mismo tiempo de determinar el alcance e intensidad con el que se deben aplicar los otros tipos de evidencia indicados.

Existen 8 tipos distintos de pruebas sustantivas:

❑ Pruebas para identificar errores en el procesamiento o de falta de seguridad o confidencialidad.

- ❑ Prueba para asegurar la calidad de los datos.

- ❑ Pruebas para identificar la inconsistencia de datos.

- ❑ Prueba para comparar con los datos o contadores físicos.

- ❑ Confirmaciones de datos con fuentes externas.

- ❑ Pruebas para confirmar la adecuada comunicación.

- ❑ Prueba para determinar falta de seguridad.

- ❑ Pruebas para determinar problemas de legalidad.

4.2. Pruebas de cumplimiento

Son aquellas pruebas diseñadas a fin de conseguir evidencia que permita tener una seguridad razonable de que los controles internos establecidos por la empresa auditada están siendo aplicados correctamente y son efectivos.

Es el examen de la evidencia disponible de que una o más técnicas de control interno están en operación o actuando durante el período auditado. Estas pruebas tratan de obtener evidencia de que los procedimientos de control interno, en los que el auditor basa su confianza en el sistema, se aplican en la forma establecida.

El conjunto de métodos o procedimientos a asegurar son:

- ❑ Protección de activos, recursos y dispositivos.

- ❑ Registros de actividad fidedignos.

- ❑ Actividad eficaz, medida en resultados obtenidos a partir de ratios.

- ❑ Grado de cumplimiento de las directrices de la dirección.

Una prueba de cumplimiento determina si los controles están siendo aplicados de manera que cumplen con las políticas y los procedimientos de gestión*. Por ejemplo, si al auditor de sistemas le preocupa si los controles de las bibliotecas de programas de producción están funcionando correctamente, el auditor de sistemas podría seleccionar una muestra de programas para determinar si las versiones fuente y objeto son las mismas.*

Las pruebas de cumplimiento pueden usarse para probar la existencia y efectividad de un proceso definido, el cual puede incluir una evidencia documental no automatizada (por ejemplo, para proveer la certeza de que solo se realizan modificaciones autorizadas a los programas de producción).

Por el contrario, una prueba sustantiva fundamenta la integridad de un procesamiento real y provee evidencia de la validez e integridad de los saldos en los estados financieros y de las transacciones que respaldan dichos saldos.

Existe una correlación directa entre el nivel de los controles internos y la cantidad de pruebas sustantivas requeridas.

Si los resultados de las pruebas a los controles (pruebas de cumplimiento) revelaran la presencia de controles internos adecuados, entonces el auditor de sistemas podrá reducir la cantidad de los procedimientos sustantivos. Por el contrario, si la prueba a los controles revelara debilidades en los controles que podrían generar dudas sobre la completitud, exactitud o validez de las cuentas, las pruebas sustantivas pueden responder esas dudas.

Un auditor de sistemas podría desarrollar una prueba sustantiva para determinar si los registros del inventario de la biblioteca de cintas son correctos. Para realizar esta prueba, el auditor de sistemas podría realizar un inventario completo o podría usar una muestra estadística, que le permita llegar a una conclusión respecto de la exactitud de todo el inventario.

El auditor de sistemas podría también decidir, durante la evaluación preliminar de los controles, incluir algunas pruebas sustantivas si los resultados de esta evaluación preliminar indican que los controles implementados no son confiables o no existen.

La figura muestra la **relación entre las pruebas de cumplimiento y las pruebas sustantivas** y describe las dos categorías de pruebas sustantivas.

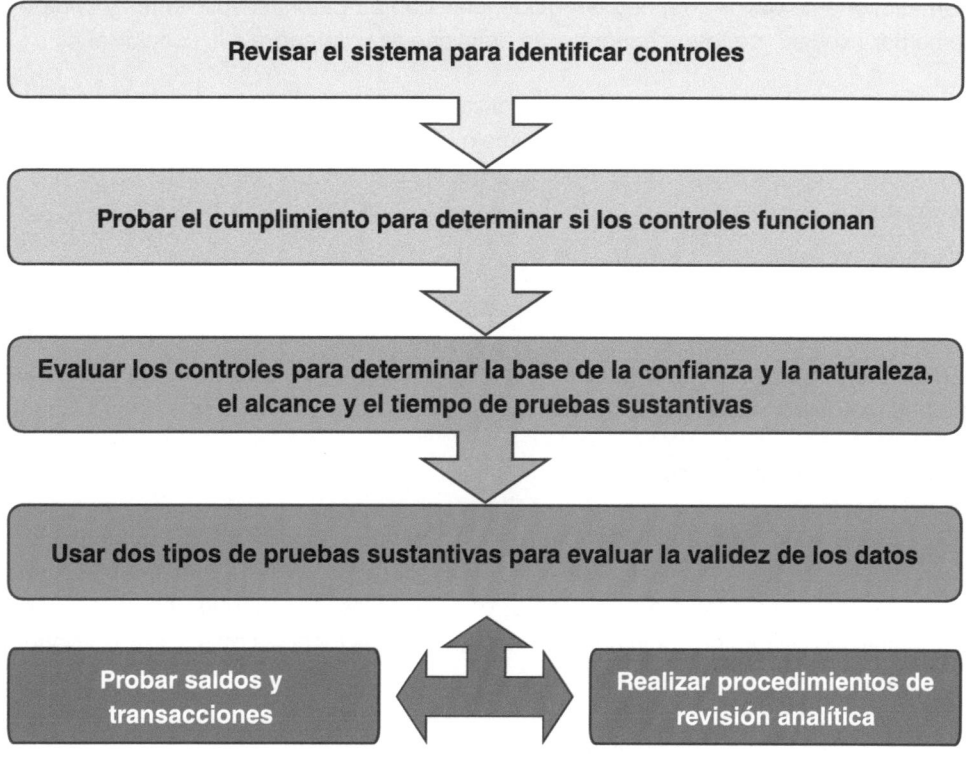

Pruebas sustantivas y de cumplimiento.

*Algunos ejemplos de **pruebas sustantivas** en las cuales se podrían considerar las muestras incluyen el desempeño de un cálculo complejo (por ejemplo, interés) en una muestra de cuentas o una muestra de transacciones para garantizar una documentación de respaldo, etc.*

5. Tipos de muestreo a aplicar durante el proceso de auditoría

*El **muestreo** es una herramienta de investigación científica cuya finalidad es determinar qué parte de la realidad en estudio debe examinarse con el propósito de obtener conclusiones veraces sobre la población o conjunto de interés.*

Un auditor está obligado a obtener evidencias comprobatorias, suficientes y competentes como para señalar de forma concreta las deficiencias y defender sus conclusiones.

Para ello, podríamos estar tentados de realizar un análisis exhaustivo de todos y cada uno de los elementos a auditar, sin embargo el trabajo de auditoría se ve limitado por los recursos humanos y económicos disponibles, y por la urgencia de conocer los resultados de una manera confiable.

Así, el auditor se verá obligado a utilizar muestreos que, siendo significativos en sus conclusiones, reduzcan considerablemente el tiempo de elaboración de la auditoría.

Se emplea como forma de selección objetiva, sin elementos subjetivos o preferenciales alguno que puedan infundir algún tipo de sesgo y, por tanto, invalidar la prueba.

Hay dos tipos de muestreo:

❑ **Estadístico o probabilístico**. Es aquel en el que el auditor utiliza herramientas matemáticas para calcular los elementos a auditar, el tamaño de la muestra, los grados de confianza y los márgenes de error aceptables. No supone una sustitución del criterio del auditor, antes bien, lo mejora. Entre las técnicas más utilizadas podemos citar:

♦ Muestreo aleatorio simple.

♦ Muestreo aleatorio sistemático.

♦ Muestreo estratificado.

♦ Muestreo por cuotas.

❑ **No estadístico o no probabilístico**. De naturaleza eminentemente subjetiva, basado en el criterio del auditor, quien usando técnicas propias de su profesión y su propia experiencia, identifica las muestras hacia los aspectos que no le resultan confiables. Establece el grado de profundización a partir del grado de confiabilidad que le merezca el control interno de la organización auditada. Entre las técnicas más usadas se encuentran:

♦ Muestreo por conveniencia.

♦ Muestreo por conglomerados.

♦ Muestreo intencional.

♦ Muestro de bola de nieve.

6. Utilización de herramientas tipo CAAT (*Computer Assisted Audit Tools*)

Las herramientas de auditoría asistida por ordenador, más conocido como CAAT, conforman un campo de desarrollo creciente en el ámbito de la auditoría, dado que permite automatizarlo, al menos en parte, y, por tanto, reducir su duración.

Incluye el uso de paquetes de ofimática tradicionales, como hojas de cálculo, pero también paquetes de software más avanzados relacionados con los análisis estadísticos y con herramientas de inteligencia de negocio (*Business Intelligence* o BI), aunque también se utilizan otras aplicaciones de software específicas para la realización de auditorías.

 **Business Intelligence o BI:** *inteligencia de negocio.*

Auditoría tradicional frente a CAAT

El método tradicional de auditoría establece conclusiones basadas en una muestra limitada de una población, en lugar de un examen de todas las disponibles o una muestra grande de datos.

En ocasiones, el uso de muestras pequeñas puede disminuir la validez de las conclusiones de la auditoría o simplemente el margen de error inherente a la muestra obtenida sea excesivamente grande para las necesidades de la organización que solicita la auditoría.

Con CAAT se pretende resolver en parte este problema al analizar grandes volúmenes de datos en busca de evidencias de posibles vulnerabilidades del sistema. Revisará, por tanto, todas las transacciones de una base de datos, todos los logs del servidor, etc.

El auditor analizará las anomalías detectadas en el tratamiento de toda la información gestionada por el sistema, en lugar de una muestra de validez, en ocasiones, insuficiente.

También podemos orientar el uso de CAAT para el apoyo del auditor en la búsqueda de situaciones concretas. Por ejemplo, en el marco de una auditoría de aplicaciones, el cliente podría querer detectar si se están pagando pedidos a proveedor antes de recibir el visto bueno del departamento de recepciones de material. Bastaría con diseñar una consulta que verificara si hay órdenes de pago con fecha anterior a la de recepción de los productos. De esta forma estaríamos detectando un error de diseño en la aplicación que podría tener un impacto financiero considerable.

En cuanto al software utilizado, hay numerosas herramientas, centradas, principalmente, en la extracción de datos y en el análisis de los mismos. Algunas de las herramientas más utilizadas para auditorías de sistemas informáticos son:

- ❏ InvGate Asset Management.

- ❏ Netrix Auditor.

- ❏ RSA Archer.

- ❏ MetricStream.

- ❏ MasterControl.

- ❏ AuditBoard.

- ❏ Workiva.

- ❏ Hyperproof.

- ❏ Pathlock.

- ❏ LogicGate.

Entre otras ventajas de este tipo de herramientas, se incluyen:

- ❏ Son totalmente independientes del sistema que está siendo auditado y usarán una copia de solo lectura del archivo para evitar la corrupción de datos de una organización.

- ❏ Parte de las rutinas de auditoría incluidas se pueden utilizar como plantillas en diversas auditorías, lo que reduce los costes.

- ❏ Proporciona documentación de cada prueba que puede utilizarse como documentación de apoyo para el auditor.

Con el estudio de este epígrafe hemos aprendido a:
❏ *Conocer algunas herramientas del tipo CAAT (Computer Assisted Adit Tools).*

7. Explicación de los requerimientos que deben cumplir los hallazgos de auditoría

 **Hallazgo de auditoría:** *según la norma* **ISO 19011, "Directrices para la auditoría de Sistemas de Gestión"**, *los hallazgos de la auditoría son los resultados de la evaluación de la evidencia de la auditoría recopilada frente a los criterios de la auditoría.*

Evidencia de auditoría: *cualquier información que utiliza el auditor para determinar si la información cuantitativa o cualitativa que se está auditando, se presenta de acuerdo al criterio establecido.*

La evidencia para que tenga valor de prueba y pueda servirnos para establecer un hallazgo de auditoría, debe ser **Suficiente, Competente y Pertinente.**

También se define la evidencia, como **la prueba adecuada de auditoría**. La evidencia adecuada es la información que cuantitativamente es suficiente y apropiada para lograr los resultados de la auditoría y que cualitativamente tiene la imparcialidad necesaria para inspirar confianza y fiabilidad.

En cuanto a los requisitos que determinan si una evidencia nos permite establecer un hallazgo de auditoría y, posteriormente, evaluarlo, son los siguientes:

- ❑ La evidencia es **suficiente** si el alcance de las pruebas es adecuado. Solo una evidencia encontrada podría ser no suficiente para demostrar un hecho.

- ❑ La evidencia es **pertinente** si el hecho se relaciona con el objetivo de la auditoría.

- ❑ La evidencia es **competente** si guarda relación con el alcance de la auditoría y además es creíble y confiable.

Además de las tres características mencionadas de la evidencia (suficiencia, pertinencia y competencia), existen otras que son necesarias mencionar, porque están ligadas estrechamente con el valor que se le da a la evidencia: relevancia, credibilidad, oportunidad y materialidad.

Por último, podemos clasificar los tipos de evidencias en:

- ❑ **Evidencia física.** Muestra de dispositivos, materiales, mapas, fotos.

- ❑ **Evidencia documental**. Procedimientos, facturas, contratos, etc.

❏ **Evidencia testimonial**. Obtenida de personas que trabajan en el negocio o que tienen relación con el mismo.

❏ **Evidencia analítica**. Datos comparativos, cálculos, etc.

Para que podamos establecer un hallazgo de auditoría, las evidencias que lo sustenten deben ser pertinentes, competentes y suficientes, y procederán de hechos físicos, análisis de documentos, recogida de testimonios o revisión de registros, indicadores, etc.

8. Aplicación de criterios comunes para categorizar los hallazgos como observaciones o no conformidades

El enfoque de la auditoría se basa en la evidencia, que debe ser, aparte de lo comentado en el apartado anterior, verificable. Se basará en muestras de información disponible, pues una auditoría se realiza, al fin y al cabo, en un tiempo determinado y con unos recursos delimitados previamente.

Si el uso del muestreo ha sido el adecuado, las evidencias obtenidas pueden ser consideradas suficientemente fiables. Basándose en ellas, el auditor determinará los hallazgos de la auditoría una vez esta finalice.

A la hora de evaluar la gravedad de una evidencia, es decir, establecer un hallazgo, consideraremos estos tres tipos de hallazgos:

❏ **Conformidades**. Cumplen con los requisitos.

❏ **No conformidades**. Incumplen los requisitos especificados, por lo que pueden generar no conformidades, ya sean de consecuencias limitadas o de alcance mayor:

♦ **No conformidad menor**. Es una desviación de los criterios de auditoría con poca influencia en la efectividad del sistema de gestión de la calidad o, en particular, del propio sistema informático de la organización, no incidiendo significativamente en la eficacia de esta última.

♦ **No conformidad mayor**. Impiden demostrar la conformidad con las disposiciones y los requisitos del sistema de gestión de la calidad o del propio sistema auditado, dado que afecta a su efectividad e impide, total o parcialmente, el normal desempeño de las funciones de las áreas afectadas.

❑ **Observación**. Es un aspecto que debería mejorarse pero no se requiere de una intervención inmediata.

A la hora de formular una no conformidad, tendremos en cuenta los siguientes elementos:

❑ **Criterio de la auditoría**. Es decir, el requisito cumplido. Por ejemplo, todo el software en producción cuenta con su aprobación manual por escrito del responsable de desarrollo.

❑ **Evidencia**. Definida anteriormente.

❑ **Hallazgo**. Comparación de la evidencia y el criterio.

❑ **Impacto**. Gravedad para la efectividad de la organización del hallazgo establecido.

Por otra parte, no debemos olvidar que la auditoría es también un instrumento de mejora, por lo que la redacción de las no conformidades debe trasladar la información de la forma más correcta y precisa posible, basándose en todo momento en el requisito incumplido.

Deberán determinarse con precisión hechos, cantidades, fechas, términos absolutos, lugares, etc., a fin de ayudar a establecer la mejora o contramedida lo antes posible.

Con el estudio de este epígrafe hemos aprendido a:

❑ *Planificar una auditoría desde la composición del equipo auditor hasta los recursos asignados por el cliente, las pruebas y muestreos a realizar, la gestión y tratamiento de las observaciones y no conformidades y la redacción y presentación del informe de auditoría.*

9. Relación de las normativas y metodologías relacionadas con la auditoría de sistemas de información comúnmente aceptadas

La auditoría de sistemas no deja de ser una aplicación del concepto más general de la auditoría, que tiene su principal fuente de referencia la Gestión de la Calidad Total y, también, en el ámbito de la seguridad de sistemas de información. Por tanto, una relación de normativas sobre auditorías no puede dejar de lado las conocidas normas ISO, en particular, las siguientes:

❏　　ISO 19011:2011. Directrices para la auditoría de Sistemas de Gestión.

❏　　ISO 9001:2008. Sistemas de gestión de la calidad. Requisitos.

❏　　ISO 27001. Sistemas de Gestión de la Seguridad de la Información.

Así mismo, ISACA es una fuente fundamental de producción académica sobre la realización de auditorías de sistemas de información y sobre la gestión de sistemas en el marco de la empresa. Destacamos las siguientes normativas y metodologías desarrolladas por esta organización.

❏　　Código ético del profesional de la auditoría de sistemas, de ISACA.

❏　　Manual de preparación al examen CISA.

❏　　CoBIT. Una estructura de negocio para la gestión y gobernanza de las tecnologías de la información en la empresa.

 *Acude a los Contenidos Extra para consultar el Resumen y realizar la Autoevaluación de esta unidad.*

Aplicación de la normativa de protección de datos de carácter personal

Objetivos

- ☑ Conocer el marco jurídico vigente en materia de protección de datos personales.

- ☑ Conocer las medidas básicas sobre seguridad de datos personales que deben implementar las organizaciones.

- ☑ Conocer la potestad de la Agencia Española de Protección de Datos en relación con auditorías de protección de datos.

Contenido

Introducción

1. **Principios de protección de datos**

2. **Normativa europea recogida en la derogada Directiva 95/46/CE**

3. **Normativa nacional: Código Penal y Ley Orgánica de Protección de Datos Personales y garantía de los derechos digitales (LOPD)**

    3.1. El Código Penal

    3.2. La derogada LORTAD

    3.3. La Ley Orgánica 15/1999 y su Reglamento de desarrollo (Real Decreto 1720/2007)

    3.4. La Ley Orgánica 3/2018, de protección de datos personales y garantía de los derechos digitales (LOPD)

4. **Identificación y registro de los ficheros con datos de carácter personal utilizados para la organización**

5. **Las medidas de seguridad para la protección de los datos de carácter personal recogidas en el Real Decreto 1720/2007**

    5.1. ¿Quién está obligado a cumplir el RGDP?

    5.2. Cumplimiento del RGPD

    5.3. Incumplimiento del RGPD

    5.4. Medidas de seguridad

6. **Guía para la realización de la auditoría bienal obligatoria**

Acude a los Contenidos Extra para ver el mapa conceptual de esta Unidad Didáctica, objeto de estudio fundamental para situarte según avances en los contenidos.

Introducción

La protección de las personas físicas en relación con el tratamiento de datos personales es un **derecho fundamental** protegido por el art. 18.4 de la Constitución española, que fue pionera en el reconocimiento del derecho fundamental a la protección de datos personales cuando dispuso que *"la ley limitará el uso de la informática para garantizar el honor y la intimidad personal y familiar de los ciudadanos y el pleno ejercicio de sus derechos".* La Constitución española se hacía eco de los trabajos desarrollados desde finales de la década de 1960 en el Consejo de Europa y de las pocas disposiciones legales adoptadas en países de nuestro entorno.

Internet, por otra parte, se ha convertido en una realidad omnipresente tanto en nuestra vida personal como colectiva. Ya en los años noventa, y conscientes del impacto que iba a producir Internet en nuestras vidas, sus pioneros propusieron elaborar una Declaración del Hombre y del Ciudadano en Internet.

Los constituyentes de 1978 intuyeron el enorme impacto que los avances tecnológicos provocarían en nuestra sociedad y, en particular, en el disfrute de los derechos fundamentales. Una deseable futura reforma de la Constitución debería incluir entre sus prioridades la actualización de la misma a la era digital y, específicamente, elevar a rango constitucional una nueva generación de derechos digitales. Pero, en tanto no se acometa este reto, el legislador debe abordar el reconocimiento de un sistema de garantía de los derechos digitales que, inequívocamente, encuentra su anclaje en el mandato impuesto por el art. 18.4 de la Constitución y que, en algunos casos, ya han sido perfilados por la jurisprudencia ordinaria, constitucional y europea.

Hoy en día se identifican claramente los riesgos y oportunidades que el mundo de las redes ofrece a la ciudadanía. Corresponde a los poderes públicos impulsar políticas que hagan efectivos los derechos de la ciudadanía en Internet promoviendo la igualdad de los ciudadanos y de los grupos en los que se integran para hacer posible el pleno ejercicio de los derechos fundamentales en la realidad digital. La transformación digital de nuestra sociedad es ya una realidad en nuestro desarrollo presente y futuro tanto a nivel social como económico. En este contexto, países de nuestro entorno ya han aprobado normativa que refuerza los derechos digitales de la ciudadanía.

La importancia de la protección de datos personales se incrementa cada día para la mejora de la competitividad en el mundo de los negocios arrastrado por las ventajas de la conectividad, inmediatez y ubicuidad a la omnipresente transformación digital. La ciberseguridad se ha convertido en una prioridad para todas las empresas, de ahí todo el cambio normativo que se está produciendo que, a su vez, implica importantes desafíos para las organizaciones.

Adicionalmente, en el ámbito internacional se está consolidando la transformación digital como elemento fundamental para conseguir un crecimiento económico inclusivo y sostenible.

Por todo ello, los esfuerzos de la Unión Europea se están centrando en conseguir un entorno digital más equitativo, abierto y seguro. En su seno han entrado en vigor un conjunto de normativas relativas a la ciberseguridad que afectan en mayor o menor medida a las empresas, tanto si son proveedoras como clientes de otras:

❑ El **Reglamento sobre identificación electrónica y servicios de confianza (eIDAS)** [Reglamento (UE) 910/2014], relacionado con el comercio y las transacciones electrónicas.

❑ La **Directiva de servicios de pago (PSD2)** [Directiva (UE) 2015/2366] para el desarrollo del mercado interior de pagos electrónicos que aplica a los proveedores de servicios de pago electrónico, esto es, al sector de las entidades financieras y al comercio electrónico, con importantes mejoras para la protección de los consumidores.

❑ El **Reglamento General de Protección de Datos (RGPD)** [Reglamento (UE) 2016/679] en el ámbito de la protección de datos personales y que aplica a todas las empresas que realicen tratamiento de datos personales, cuyo incumplimiento puede acarrear sanciones significativas.

❑ El **Reglamento sobre Ciberseguridad de la UE** [Reglamento (UE) 2019/881], que refuerza a la Agencia de la UE para la ciberseguridad (ENISA), estableciendo un marco de certificación de la ciberseguridad para productos y servicios y dotándola de mandato permanente y le otorga más recursos y nuevas tareas. Introduce un marco de certificación de ciberseguridad a escala de la UE para productos, servicios y procesos de TIC. Las empresas que hacen negocios en la UE se beneficiarán de tener que certificar sus productos, procesos y servicios TIC solo una vez y ver sus certificados reconocidos en toda la Unión.

❑ El **Reglamento de la Red y Centro Europeo de Competencia en Ciberseguridad** [Reglamento (UE) 2021/887] establece el Centro Europeo de Competencia Industrial, Tecnológica y de Investigación en Ciberseguridad (ECCC) y la Red de Centros Nacionales de Coordinación (NCC), y establece las normas para los Centros de Coordinación Nacionales y para la creación de la Comunidad de Competencias en Ciberseguridad.

❑ La **Directiva NIS2** [Directiva (UE) 2022/2555] que sustituye a su predecesora NIS [Directiva (UE) 2016/1148], ampliando su alcance para abarcar más sectores y entidades. Su objetivo es mejorar el nivel de ciberseguridad en la UE, mediante la exigencia a los Estados miembros de que refuercen las capacidades de ciberseguridad e introduzcan medidas de gestión de riesgos de ciberseguridad y notificaciones en sectores críticos, junto con normas relativas a la cooperación, el intercambio de información, la supervisión y la ejecución.

❏ El **Reglamento de Ciberresiliencia** [Reglamento (UE) 2024/2847], que establece un marco completo para garantizar que los productos y servicios digitales: sean seguros desde su diseño, resilientes frente a las ciberamenazas, y capaces de ofrecer una protección continua a lo largo de su ciclo de vida.

Una empresa debe cumplir estas normas siempre que gestione datos personales, aunque se trate de números de teléfono o direcciones de correo electrónico. Dado que la mayoría de las empresas tratan con datos de sus clientes, proveedores y empleados, esta normativa será siempre de aplicación.

1. Principios de protección de datos

Los principios de protección de datos pueden definirse como un conjunto de reglas mínimas que deben observar las administraciones y las empresas que tratan datos personales, garantizando con ello un uso adecuado de la información personal. Estas reglas determinan cómo recoger, tratar y ceder los datos; establecen deberes y obligaciones a los que está sujeto el tratamiento de datos de carácter personal.

Los principios de protección de datos –recogidos en los arts. 4 al 10 el Título II de la Ley Orgánica 3/2018, de Protección de Datos Personales y garantía de los derechos digitales (LOPD)– son los siguientes:

❏ **Exactitud de los datos**. Los datos serán exactos y, si fuere necesario, actualizados.

No será imputable al responsable del tratamiento, siempre que haya adoptado todas las medidas razonables para que se supriman o rectifiquen sin dilación, la inexactitud de los datos personales, con respecto a los fines para los que se tratan, cuando los datos inexactos:

◆ Hubiesen sido obtenidos por el responsable directamente del afectado.

◆ Hubiesen sido obtenidos por el responsable de un mediador o intermediario en caso de que las normas aplicables al sector de actividad al que pertenezca el responsable del tratamiento establecieran la posibilidad de intervención de un intermediario o mediador que recoja en nombre propio los datos de los afectados para su transmisión al responsable. El mediador o intermediario asumirá las responsabilidades que pudieran derivarse en el supuesto de comunicación al responsable de datos que no se correspondan con los facilitados por el afectado.

◆ Fuesen sometidos a tratamiento por el responsable por haberlos recibido de otro responsable en virtud del ejercicio por el afectado del derecho a la portabilidad conforme al art. 20 del Reglamento (UE) 2016/679 y lo previsto la Ley Orgánica.

◆ Fuesen obtenidos de un registro público por el responsable.

❑ **Deber de confidencialidad.**

Los responsables y encargados del tratamiento de datos así como todas las personas que intervengan en cualquier fase de este estarán sujetas al deber de confidencialidad al que se refiere el art. 5.1.f) del Reglamento (UE) 2016/679 (tratados de tal manera que se garantice una seguridad adecuada de los datos personales, incluida la protección contra el tratamiento no autorizado o ilícito y contra su pérdida, destrucción o daño accidental, mediante la aplicación de medidas técnicas u organizativas apropiadas, «integridad y confidencialidad»).

La obligación de la confidencialidad será complementaria de los deberes de secreto profesional de conformidad con su normativa aplicable.

Las obligaciones a la confidencialidad se mantendrán aun cuando hubiese finalizado la relación del obligado con el responsable o encargado del tratamiento.

❑ **Tratamiento basado en el consentimiento del afectado.**

1. De conformidad con lo dispuesto en el art. 4.11 del Reglamento (UE) 2016/679, se entiende por consentimiento del afectado toda manifestación de voluntad libre, específica, informada e inequívoca por la que este acepta, ya sea mediante una declaración o una clara acción afirmativa, el tratamiento de datos personales que le conciernen.

2. Cuando se pretenda fundar el tratamiento de los datos en el consentimiento del afectado para una pluralidad de finalidades será preciso que conste de manera específica e inequívoca que dicho consentimiento se otorga para todas ellas.

3. No podrá supeditarse la ejecución del contrato a que el afectado consienta el tratamiento de los datos personales para finalidades que no guarden relación con el mantenimiento, desarrollo o control de la relación contractual.

❑ **Consentimiento de los menores de edad.**

1. El tratamiento de los datos personales de un menor de edad únicamente podrá fundarse en su consentimiento cuando sea mayor de catorce años.

   Se exceptúan los supuestos en que la ley exija la asistencia de los titulares de la patria potestad o tutela para la celebración del acto o negocio jurídico en cuyo contexto se recaba el consentimiento para el tratamiento.

2. El tratamiento de los datos de los menores de catorce años, fundado en el consentimiento, solo será lícito si consta el del titular de la patria potestad o tutela, con el alcance que determinen los titulares de la patria potestad o tutela.

❑ **Tratamiento de datos por obligación legal, interés público o ejercicio de poderes públicos.**

1. El tratamiento de datos personales solo podrá considerarse fundado en el cumplimiento de una obligación legal exigible al responsable, en los términos previstos en el art. 6.1.c) del Reglamento (UE) 2016/679, cuando así lo prevea una norma de Derecho de la Unión Europea o una norma con rango de ley, que podrá determinar las condiciones generales del tratamiento y los tipos de datos objeto del mismo así como las cesiones que procedan como consecuencia del cumplimiento de la obligación legal. Dicha norma podrá igualmente imponer condiciones especiales al tratamiento, tales como la adopción de medidas adicionales de seguridad u otras establecidas en el capítulo IV del Reglamento (UE) 2016/679.

2. El tratamiento de datos personales solo podrá considerarse fundado en el cumplimiento de una misión realizada en interés público o en el ejercicio de poderes públicos conferidos al responsable, en los términos previstos en el art. 6.1 e) del Reglamento (UE) 2016/679, cuando derive de una competencia atribuida por una norma con rango de ley.

❑ **Categorías especiales de datos.**

1. A los efectos del art. 9.2.a) del Reglamento (UE) 2016/679, a fin de evitar situaciones discriminatorias, el solo consentimiento del afectado no bastará para levantar la prohibición del tratamiento de datos cuya finalidad principal sea identificar su ideología, afiliación sindical, religión, orientación sexual, creencias u origen racial o étnico.

2. Los tratamientos de datos contemplados en las letras g), h) e i) del art. 9.2 del Reglamento (UE) 2016/679 fundados en el Derecho español deberán estar amparados en una norma con rango de ley, que podrá establecer requisitos adicionales relativos a su seguridad y confidencialidad.

   En particular, dicha norma podrá amparar el tratamiento de datos en el ámbito de la salud cuando así lo exija la gestión de los sistemas y servicios de asistencia sanitaria y social, pública y privada, o la ejecución de un contrato de seguro del que el afectado sea parte.

❑ **Tratamiento de datos de naturaleza penal.**

1. El tratamiento de datos personales relativos a condenas e infracciones penales, así como a procedimientos y medidas cautelares y de seguridad conexas, para fines distintos de los de prevención, investigación, detección o enjuiciamiento de infracciones penales o de ejecución de sanciones penales, solo podrá llevarse a cabo cuando se encuentre amparado en una norma de Derecho de la Unión, en esta Ley Orgánica o en otras normas de rango legal.

2.   El registro completo de los datos referidos a condenas e infracciones penales, así como a procedimientos y medidas cautelares y de seguridad conexas a que se refiere el art. 10 del Reglamento (UE) 2016/679, podrá realizarse conforme con lo establecido en la regulación del Sistema de registros administrativos de apoyo a la Administración de Justicia.

3.   Fuera de los supuestos señalados en los apartados anteriores, los tratamientos de datos referidos a condenas e infracciones penales, así como a procedimientos y medidas cautelares y de seguridad conexas solo serán posibles cuando sean llevados a cabo por abogados y procuradores y tengan por objeto recoger la información facilitada por sus clientes para el ejercicio de sus funciones.

2. Normativa europea recogida en la derogada Directiva 95/46/CE

La Directiva 94/46/CE, de 24 de octubre de 1995, relativa a la protección de las personas físicas en lo que respecta al tratamiento de datos personales y a la libre circulación de estos datos, tuvo como objeto que los Estados miembros garantizarían la protección de las libertades y de los derechos fundamentales de las personas físicas, y, en particular, del derecho a la intimidad, en lo que respecta al tratamiento de los datos personales. En virtud de esto, los Estados miembros no podrían restringir la libre circulación de los datos personales entre los citados Estados por motivos relacionados con la protección garantizada.

El art. 94 del RGPD establece la derogación de la Directiva 95/46/CE desde del 25 de mayo de 2018.

No obstante, la Disposición adicional 14ª de la Ley Orgánica 3/2018, de 5 de diciembre, de Protección de Datos Personales y garantía de los derechos digitales establece que *"las normas dictadas en aplicación del art. 13 de la Directiva 95/46/CE del Parlamento Europeo y del Consejo, de 24 de octubre de 1995, relativa a la protección de las personas físicas en lo que respecta al tratamiento de datos personales y a la libre circulación de estos datos, que hubiesen entrado en vigor con anterioridad a 25 de mayo de 2018, y en particular, los arts. 23 y 24 de la Ley Orgánica 15/1999, de 13 de diciembre, de Protección de Datos de Carácter Personal, siguen vigentes en tanto no sean expresamente modificadas, sustituidas o derogadas"*.

3. Normativa nacional: Código Penal y Ley Orgánica de Protección de Datos Personales y garantía de los derechos digitales (LOPD)

A nivel legislativo nacional, el desarrollo del derecho fundamental de protección de las personas físicas en relación con el tratamiento de datos personales tuvo lugar en sus orígenes mediante la aprobación de la Ley Orgánica 5/1992, de 29 de octubre, reguladora del tratamiento automatizado de datos personales y conocida como Ley Orgánica de Regulación del Tratamiento Automatizado de Datos (LORTAD). Esta ley fue reemplazada por la hoy también derogada Ley Orgánica 15/1999, de 13 de diciembre, de Protección de Datos personales, a fin de trasponer a nuestro derecho la Directiva 95/46/CE, relativa a la protección de las personas físicas en lo que respecta al tratamiento de datos personales y a la libre circulación de estos datos en el seno de la Unión, estableciendo un espacio común de garantía del derecho que asegurase que en caso de transferencia internacional de los datos, su tratamiento en el país de destino estuviese protegido por salvaguardas adecuadas a las previstas en la propia directiva. Esta LO supuso un hito en la evolución de la regulación del derecho fundamental a la protección de datos en España.

En los últimos años de la década pasada se intensificaron los esfuerzos tendentes a lograr una regulación más uniforme del derecho fundamental a la protección de datos en el marco de una sociedad cada vez más globalizada. El último paso ha sido la adopción del **Reglamento (UE) 2016/679** del Parlamento Europeo y del Consejo, comúnmente conocido como Reglamento general de protección de datos, RGPD, de 27 de abril de 2016, relativo a la protección de las personas físicas en lo que respecta al tratamiento de sus datos personales y a la libre circulación de estos datos y por el que se deroga la Directiva 95/46/CE.

Desde el 25 de mayo de 2018 todos los países de la Unión Europea deben estar adaptados al nuevo Reglamento general de protección de datos, que va más allá de una mera actualización de la normativa vigente, pues refuerza la seguridad jurídica y transparencia a la vez que permite que sus normas sean especificadas o restringidas por el Derecho de los Estados miembros. La adaptación del Reglamento requería la elaboración de una nueva ley orgánica que sustituyera a la Ley Orgánica 15/1999; el 6 de diciembre de 2018 fue publicada en el BOE la **Ley Orgánica 3/2018, de 5 de diciembre, de Protección de Datos Personales y garantía de los derechos digitales (LOPD).**

3.1. El Código Penal

El Código Penal define los delitos y faltas que constituyen los presupuestos de la aplicación de la forma suprema que puede revestir el poder coactivo del Estado: la pena criminal. El Código Penal ha de tutelar los valores y principios básicos de la convivencia social

El derecho a la protección de datos también está protegido en vía penal. Se aborda en el Título X, Delitos contra la intimidad, el derecho a la propia imagen y la inviolabilidad del domicilio.

En su Capítulo I, Del descubrimiento y revelación de secretos, el art. 197.2 castiga a quien cometa **delitos relativos a las infracciones del derecho fundamental a la protección de datos.** Concretamente, especifica que *"Las mismas penas* (penas de uno a 4 años y multa de 12 a 24 meses) *se impondrán al que, sin estar autorizado, se apodere, utilice o modifique, en perjuicio de tercero, datos reservados de carácter personal o familiar de otro que se hallen registrados en ficheros o soportes informáticos, electrónicos o telemáticos, en cualquier otro tipo de archivo o registro público o privado. Iguales penas se impondrán a quien, sin estar autorizado, acceda por cualquier medio a los mismos y a quien los altere o utilice en perjuicio del titular de los datos o de un tercero".*

Del texto anterior se deduce que la protección de datos protege la intimidad y privacidad del ciudadano frente a una intromisión o vulneración de su derecho fundamental a la protección de datos.

El Código Penal también regula un **agravante** del delito a través del art. 197.5: *"Igualmente, cuando los hechos descritos en los apartados anteriores afecten a datos de carácter personal que revelen la ideología, religión, creencias, salud, origen racial o vida sexual, o la víctima fuere un menor de edad o un incapaz, se impondrán las penas previstas en su mitad superior".*

Por su parte, el art. 197 bis establece que:

"1. El que por cualquier medio o procedimiento, vulnerando las medidas de seguridad establecidas para impedirlo, y sin estar debidamente autorizado, acceda o facilite a otro el acceso al conjunto o una parte de un sistema de información o se mantenga en él en contra de la voluntad de quien tenga el legítimo derecho a excluirlo, será castigado con pena de prisión de seis meses a dos años.

2. El que mediante la utilización de artificios o instrumentos técnicos, y sin estar debidamente autorizado, intercepte transmisiones no públicas de datos informáticos que se produzcan desde, hacia o dentro de un sistema de información, incluidas las emisiones electromagnéticas de los mismos, será castigado con una pena de prisión de tres meses a dos años o multa de tres a doce meses".

Finalmente, el art. 197 ter determina que será castigado con una pena de prisión de 6 meses a 2 años o multa de 3 a 18 meses el que, sin estar debidamente autorizado, produzca,

adquiera para su uso, importe o, de cualquier modo, facilite a terceros, con la intención de facilitar la comisión de alguno de los delitos a que se refieren los apartados 1 y 3 del art. 197 o el 197 bis:

a)   Un programa informático, concebido o adaptado principalmente para cometer dichos delitos.

b)   Una contraseña de ordenador, un código de acceso o datos similares que permitan acceder a la totalidad o a una parte de un sistema de información.

Queda demostrado que el derecho a la protección de datos no solo está protegido en la vía civil y/o administrativa, sino que también lo está a través de la penal, pero esta última, atendida la gravedad de sus consecuencias (penas privativas de libertad) solo es aplicable cuando no sea posible acudir o garantizar nuestro derecho a través de las vías civil y/o administrativa (principio general del Derecho).

3.2.   La derogada LORTAD

El desarrollo del derecho fundamental de protección de las personas físicas en relación con el tratamiento de datos personales fue regulado con la aprobación de la Ley Orgánica 5/1992, de 29 de octubre (LORTAD), que tuvo como objeto limitar el uso de la informática y otras técnicas y medios de tratamiento automatizado de los datos de carácter personal para garantizar el honor, la intimidad personal y familiar de las personas físicas y el pleno ejercicio de sus derechos.

Esta fue derogada al entrar en vigor la Ley Orgánica 15/1999, de 13 de diciembre, de Protección de Datos de Carácter Personal.

3.3.   La Ley Orgánica 15/1999 y su Reglamento de desarrollo (Real Decreto 1720/2007)

La Ley Orgánica 15/1999, de 13 de diciembre, de Protección de Datos de Carácter Personal, tuvo por objeto garantizar y proteger, en lo que concierne al tratamiento de datos personales, las libertades públicas y los derechos fundamentales de las personas físicas, y especialmente de su honor e intimidad personal y familiar. Fue de aplicación a los datos de carácter personal registrados en soporte físico, que los hacía susceptibles de tratamiento, y a toda modalidad de uso posterior de esos datos por los sectores público y privado.

Se trata de una norma derogada, con efecto de 7 de diciembre de 2018, por la Ley Orgánica 3/2018, de 5 de diciembre, de Protección de Datos Personales y garantía de los derechos digitales (LOPD) *"sin perjuicio de lo previsto en la disposición adicional decimocuarta y en la disposición transitoria cuarta".*

No obstante, los arts. 23 y 24 siguen vigentes en tanto no sean expresamente modificados, sustituidos o derogados.

En virtud de la disposición transitoria cuarta, los tratamientos sometidos a la Directiva (UE) 2016/680, de 27 de abril de 2016, continuaron rigiéndose por la Ley Orgánica 15/1999 y en particular el art. 22 y sus disposiciones de desarrollo, hasta la promulgación de la Ley Orgánica 7/2021, de 26 de mayo, de protección de datos personales tratados para fines de prevención, detección, investigación y enjuiciamiento de infracciones penales y de ejecución de sanciones penales.

Por tanto, a modo de conclusión y en relación con el Real Decreto 1720/2007, de 21 de diciembre, por el que se aprueba el Reglamento de desarrollo de la Ley Orgánica 15/1999, de 13 de diciembre, este Real Decreto se encuentra en vigor en todo aquello que no se oponga a la Ley Orgánica 3/2018, de 5 de diciembre o al RGPD.

La antigua LOPD adaptó nuestro ordenamiento a lo dispuesto por la Directiva 95/46/CE, pero nació con una amplia vocación de generalidad. La necesidad adicional de dotar de coherencia a la regulación reglamentaria en todo lo relacionado con la trasposición de la Directiva y de desarrollar los aspectos novedosos, junto con aquellos en los que la experiencia aconsejaba un cierto grado de precisión que dotaba de seguridad jurídica al sistema, provocó la elaboración y publicación del Real Decreto 1720/2007, de 21 de diciembre, de su desarrollo.

El Reglamento de desarrollo comparte con esta LO la finalidad de hacer frente a los riesgos que para los derechos de la personalidad pueden suponer el acopio y tratamiento de datos personales. Por ello, ha de destacarse que esta norma reglamentaria nace con la vocación de no reiterar los contenidos de la norma superior y de desarrollar, no solo los mandatos contenidos en la LO de acuerdo con los principios que emanan de la Directiva, sino también aquellos que en estos años de vigencia de la Ley se ha demostrado que precisan de un mayor desarrollo normativo.

El Reglamento se estructura en 9 títulos cuyo contenido desarrolla los aspectos esenciales en esta materia y será de aplicación a los datos de carácter personal registrados en soporte físico, que los haga susceptibles de tratamiento, y a toda modalidad de uso posterior de estos datos por los sectores público y privado.

El Reglamento no será aplicable a los tratamientos de datos referidos a personas jurídicas, ni a los ficheros que se limiten a incorporar los datos de las personas físicas que presten sus servicios en aquellas, consistentes únicamente en su nombre y apellidos, las funciones o puestos desempeñados, así como la dirección postal o electrónica, teléfono y número de fax profesionales.

Asimismo, los datos relativos a empresarios individuales, cuando hagan referencia a ellos en su calidad de comerciantes, industriales o navieros, también se entenderán excluidos del régimen de aplicación de la protección de datos de carácter personal.

El Reglamento no será de aplicación a los datos referidos a personas fallecidas. No obstante, las personas vinculadas al fallecido, por razones familiares o análogas, podrán dirigirse a los responsables de los ficheros o tratamientos que contengan datos de este con la finalidad de notificar el óbito, aportando acreditación suficiente del mismo, y solicitar, cuando hubiere lugar a ellos, la cancelación de los datos.

Se regirá por este Reglamento todo tratamiento de datos de carácter personal:

a) Cuando el tratamiento sea efectuado en el marco de las actividades de un establecimiento del responsable del tratamiento, siempre que dicho establecimiento se encuentre ubicado en territorio español.

Cuando no resulte de aplicación lo dispuesto en el párrafo anterior, pero exista un encargado del tratamiento ubicado en España, serán de aplicación al mismo las normas contenidas en el título VIII del Reglamento.

b) Cuando al responsable del tratamiento no establecido en el territorio español, le sea de aplicación la legislación española, según las normas de Derecho internacional público.

c) Cuando el responsable del tratamiento no esté establecido en territorio de la Unión Europea y utilice en el tratamiento de datos medios situados en territorio español, salvo que tales medios se utilicen únicamente con fines de tránsito. En este supuesto, el responsable del tratamiento deberá designar un representante establecido en territorio español.

A los efectos previstos en los apartados anteriores, se entenderá por **establecimiento**, con independencia de su forma jurídica, cualquier instalación estable que permita el ejercicio efectivo y real de una actividad.

3.4. La Ley Orgánica 3/2018, de protección de datos personales y garantía de los derechos digitales (LOPD)

El RGPD pretende con su eficacia directa superar los obstáculos que impidieron la finalidad armonizadora de la Directiva 95/46/CE, de 24 de octubre de 1995, relativa a la protección de las personas físicas en lo que respecta al tratamiento de datos personales y a la libre circulación de esos datos. La transposición de la directiva por los Estados miembros se ha plasmado en un mosaico normativo con perfiles irregulares en el conjunto de la Unión Europea lo que, en último extremo, ha conducido a que existan diferencias apreciables en la protección de los derechos de los ciudadanos.

Asimismo, se atiende a nuevas circunstancias, sobre todo al aumento de los flujos transfronterizos de datos personales como consecuencia del funcionamiento del mercado interior, los retos planteados por la rápida evolución tecnológica y la globalización, que ha hecho que los datos personales sean el recurso fundamental de la sociedad de la información. El carácter central de la información personal tiene aspectos positivos, porque permite nuevos y mejores servicios, productos o hallazgos científicos. Pero tiene también riesgos, pues las informaciones sobre los individuos se multiplican exponencialmente, son más accesibles, por más actores, y cada vez son más fáciles de procesar mientras que se hace más difícil el control de su destino y uso.

El RGPD supone la revisión de las bases legales del modelo europeo de protección de datos más allá de una actualización de la normativa vigente. Procede a reforzar la seguridad jurídica y transparencia a la vez que permite que sus normas sean especificadas o restringidas por el Derecho de los Estados miembros en la medida en que sea necesario por razones de coherencia y para que las disposiciones nacionales sean comprensibles para sus destinatarios. Así, contiene un buen número de habilitaciones, cuando no imposiciones, a los Estados miembros, a fin de regular determinadas materias, permitiendo (a diferencia de lo que constituye principio general de derecho de la UE) que, cuando sus normas deban ser especificadas, interpretadas o, excepcionalmente, restringidas por el Derecho de los Estados miembros, estos tengan la posibilidad de incorporar al derecho nacional previsiones contenidas específicamente en el reglamento, en la medida en que sea necesario por razones de coherencia y comprensión.

La adaptación al RGPD –aplicable desde el día 25 de mayo de 2018–, requería la elaboración de una nueva ley orgánica que sustituyera a la, por entonces vigente, Ley Orgánica 15/1999, de 13 de diciembre. En esta labor se preservaron los principios de buena regulación, al tratarse de una norma necesaria para la adaptación del ordenamiento español a la citada disposición europea y proporcional a este objetivo, siendo su razón última procurar seguridad jurídica.

La Ley Orgánica 3/2018, de 5 de diciembre, de Protección de Datos Personales y garantía de los derechos digitales, consta de 97 artículos estructurados en 10 títulos, 23 disposiciones adicionales, 6 disposiciones transitorias, 1 disposición derogatoria y 16 disposiciones finales.

El **Título I**, relativo a las **disposiciones generales,** comienza regulando el objeto de la ley orgánica. También establece que las comunidades autónomas ostentan competencias de desarrollo normativo y ejecución del derecho fundamental a la protección de datos personales en su ámbito de actividad y a las autoridades autonómicas de protección de datos que se creen les corresponde contribuir a garantizar este derecho fundamental de la ciudadanía.

Destaca la novedosa regulación de los datos referidos a las personas fallecidas, pues, tras excluir del ámbito de aplicación de la ley su tratamiento, se permite que las personas vinculadas al fallecido por razones familiares o de hecho sus herederos puedan solicitar el acceso a los mismos, así como su rectificación o supresión, en su caso con sujeción a las instrucciones del fallecido. También excluye del ámbito de aplicación los tratamientos que se rijan por disposiciones específicas, en referencia, entre otras, a la normativa que transponga la Directiva (UE) 2016/680, previéndose en la disposición transitoria 4ª la aplicación a estos tratamientos de la Ley Orgánica 15/1999, de 13 de diciembre, hasta que se aprobase la citada normativa, que tuvo lugar a través de la **Ley Orgánica 7/2021, de 26 de mayo, de protección de datos personales tratados para fines de prevención, detección, investigación y enjuiciamiento de infracciones penales y de ejecución de sanciones penales.**

El **Título II**, que recoge los **principios de protección de datos**, se ha tratado con anterioridad en el epígrafe 1 de esta Unidad.

El **Título III**, dedicado a los **derechos de las personas**, adapta al Derecho español el principio de transparencia en el tratamiento del reglamento europeo, que regula el derecho de los afectados a ser informados acerca del tratamiento y recoge la denominada "información por capas" ya generalmente aceptada en ámbitos como el de la videovigilancia o la instalación de dispositivos de almacenamiento masivo de datos (por ejemplo las cookies), facilitando al afectado la información básica, si bien, indicándole una dirección electrónica u otro medio que permita acceder de forma sencilla e inmediata a la restante información. La LOPD contempla los derechos de acceso, rectificación, supresión oposición, derecho a la limitación del tratamiento y derecho a la portabilidad.

En el **Título IV** se recogen **disposiciones aplicables a tratamientos concretos**, incorporando una serie de supuestos que en ningún caso debe considerarse exhaustiva de todos los tratamientos lícitos. Dentro de ellos cabe apreciar, en primer lugar, aquellos respecto de los que el legislador establece una presunción de prevalencia del interés legítimo del responsable cuando se lleven a cabo con una serie de requisitos, lo que no excluye la licitud de este tipo de tratamientos cuando no se cumplen estrictamente las condiciones previstas en el texto, si bien en este caso el responsable deberá llevar a cabo la ponderación legalmente exigible, al no presumirse la prevalencia de su interés legítimo. Junto a estos supuestos se recogen otros, tales como la videovigilancia, los ficheros de exclusión publicitaria o los sistemas de denuncias internas en que la licitud del tratamiento proviene de la existencia de un interés público. Finalmente, este Título hace referencia a la licitud de otros tratamientos, como los relacionados con la función estadística o con fines de archivo de interés general.

El **Título V** se refiere al **responsable y encargado del tratamiento**. Es preciso tener en cuenta que la mayor novedad que presenta el RGPD es la evolución de un modelo basado en el control del cumplimiento a otro que descansa en el **principio de responsabilidad activa**, lo que exige una previa valoración por el responsable o por el encargado del tratamiento del riesgo que pudiera generar el tratamiento de los datos personales para, a partir de dicha valoración, adoptar las medidas que procedan. Para aclarar estas novedades, la LOPD mantiene la misma denominación del capítulo IV del RGPD. La figura del delegado de protección de datos adquiere una destacada importancia en el RGPD y así lo recoge la LOPD. La designación del delegado de protección de datos ha de comunicarse a la autoridad de protección de datos competente, esto es, a la Agencia Española de Protección de Datos. Esta mantendrá una relación pública y actualizada de los delegados de protección de datos, accesible por cualquier persona. Destaca el hecho que el delegado de protección de datos permite configurar un medio para la resolución amistosa de reclamaciones, pues el interesado podrá reproducir ante él la reclamación que no sea atendida por el responsable o encargado del tratamiento.

El **Título VI,** relativo a las **transferencias internacionales de datos**, se refiere a las especialidades relacionadas con los procedimientos a través de los cuales las autoridades de protección de datos pueden aprobar modelos contractuales o normas corporativas vinculantes, supuestos de autorización de una determinada transferencia, o información previa.

El **Título VII** se dedica a las **autoridades de protección de datos**. La LOPD regula el régimen de la Agencia Española de Protección de Datos y refleja la existencia de las autoridades autonómicas de protección de datos y la necesaria cooperación entre las autoridades de control. La AEPD se configura como una autoridad administrativa independiente que se relaciona con el Gobierno a través del Ministerio competente en materia de justicia.

El **Título VIII** regula el **procedimiento en caso de posible vulneración de la normativa de protección de datos**. El RGPD establece un sistema novedoso y complejo, evolucionando hacia un modelo de "ventanilla única" en el que existe una autoridad de control principal y otras autoridades interesadas. También se establece un procedimiento de cooperación entre autoridades de los Estados miembros y, en caso de discrepancia, se prevé la decisión vinculante del Comité Europeo de Protección de Datos. Por todo ello, con carácter previo a cualquier procedimiento, será necesario determinar si el tratamiento tiene o no carácter transfronterizo y, en el caso de tenerlo, qué autoridad de protección de datos ha de considerarse principal.

El **Título IX**, que contempla el **régimen sancionador**, parte de que el RGPD establece un sistema de sanciones o actuaciones correctivas que permite un amplio margen de apreciación. La LOPD procede a describir las conductas típicas, estableciendo la distinción entre infracciones muy graves, graves y leves. El régimen sancionador es tratado de forma más amplia en el Módulo MF0486, en su epígrafe 2.

El **Título X** acomete la tarea de reconocer y garantizar un elenco de **derechos digitales** de los ciudadanos conforme al mandato establecido en la Constitución. En particular, son objeto de regulación los derechos y libertades predicables al entorno de Internet como su neutralidad o los derechos a la seguridad y educación digital, así como los derechos al olvido, a la portabilidad y al testamento digital. Ocupa un lugar relevante el reconocimiento del derecho a la desconexión digital en el marco del derecho a la intimidad en el uso de dispositivos digitales en el ámbito laboral y la protección de los menores en Internet. Finalmente, destaca la garantía de libertad de expresión y el derecho a la aclaración de informaciones en medios de comunicación digitales.

Las **disposiciones adicionales** se refieren a cuestiones como las medidas de seguridad en el ámbito del sector público, protección de datos y transparencia y acceso a la información

pública, cómputo de plazos, autorización judicial en materia de transferencias internacionales de datos, la protección frente a prácticas abusivas que pudieran desarrollar ciertos operadores, o los tratamientos de datos de salud, entre otras.

Las **disposiciones transitorias** están dedicadas, entre otras cuestiones, al estatuto de la Agencia Española de Protección de Datos, el régimen transitorio de los procedimientos o los tratamientos sometidos a la Directiva (UE) 2016/680.

3.4.1 Objeto de la ley

La Ley Orgánica 3/2018 tiene por objeto:

a)   Adaptar el ordenamiento jurídico español al RGPD y completar sus disposiciones. El derecho fundamental de las personas físicas a la protección de datos personales, amparado por el art. 18.4 de la Constitución, se ejercerá con arreglo a lo establecido en el RGPD y a la LOPD.

b)   Garantizar los derechos digitales en la ciudadanía conforme al mandato establecido en el art. 18.4 de la Constitución.

3.4.2. Ámbito de aplicación

Lo dispuesto en los Títulos I al IX y en los arts. 89 al 94 se aplica a cualquier tratamiento total o parcialmente automatizado de datos personales, así como al tratamiento no automatizado de datos personales contenidos o destinados a ser incluidos en un fichero.

La LOPD **no será de aplicación**:

a)   A los tratamientos excluidos del ámbito de aplicación del RGPD por su art. 2.2, sin perjuicio de lo dispuesto en los apartados 3 y 4 del art. 2.

b)   A los tratamientos de datos de personas fallecidas, sin perjuicio de lo establecido en el art. 3.

c)   A los tratamientos sometidos a la normativa sobre protección de materias clasificadas.

Los tratamientos a los que no sea directamente aplicable el RGPD por afectar a actividades no comprendidas en el ámbito de aplicación del Derecho de la UE, se regirán por lo dispuesto en su legislación específica si la hubiere y supletoriamente por lo establecido en el RGPD y en la LOPD. Se encuentran en esta situación, entre otros, los tratamientos realizados al amparo de la legislación orgánica del régimen electoral general, los tratamientos realizados en el ámbito de instituciones penitenciarias y los tratamientos derivados del Registro Civil, los Registros de la Propiedad y Mercantiles.

El tratamiento de datos llevado a cabo con ocasión de la tramitación por los órganos judiciales de los procesos de los que sean competentes, así como el realizado dentro de la gestión de la Oficina Judicial, se regirán por lo dispuesto en el RGPD y en la LOPD, sin perjuicio de las disposiciones de la LOPJ, que le sean aplicables.

El tratamiento de datos llevado a cabo con ocasión de la tramitación por el Ministerio Fiscal de los procesos de los que sea competente, así como el realizado con esos fines dentro de la gestión de la Oficina Fiscal, se regirán por lo dispuesto en el RGPD y la LOPD, sin perjuicio de las disposiciones del Estatuto Orgánico del Ministerio Fiscal, la LOPJ y de las normas procesales que le sean aplicables.

4. Identificación y registro de los ficheros con datos de carácter personal utilizados para la organización

Si una organización cumplía con la LOPD era su obligación facilitar a las personas a las que solicitaba sus datos personales la siguiente información:

a) Que la organización disponía de un fichero o tratamiento, cuál era su uso y quién lo utilizaba.

b) Que su aceptación era obligatoria o no lo era y las consecuencias de no aceptar.

c) Que podía ejercitar sus derechos de Acceso, Rectificación, Cancelación y Oposición (derechos ARCO).

d) Quién era el responsable del tratamiento y cómo contactar.

A partir de la aplicación del RGPD, el 25 de mayo de 2018, ya no se utiliza el término fichero y se generaliza el **término tratamiento**.

El art. 4 del RGPD define tratamiento como *"cualquier operación o conjunto de operaciones realizadas sobre datos personales o conjuntos de datos personales, ya sea por procedimientos automatizados o no, como la recogida, registro, organización, estructuración, conservación, adaptación o modificación, extracción, consulta, utilización, comunicación por transmisión, difusión o cualquier otra forma de habilitación de acceso, cotejo o interconexión, limitación, supresión o destrucción"*.

Además, el responsable del tratamiento ha de informar –en un lenguaje claro y sencillo, de forma transparente, concisa, inteligible y de fácil acceso– de las siguientes cuestiones:

1ª Los datos de contacto del Delegado de Protección de Datos (DPD) –si fuese obligatorio contar con esa figura– o del responsable.

2ª   La finalidad y la base jurídica o legitimación para realizar el tratamiento.

3ª   El plazo o los criterios de conservación de la información.

4ª   La existencia de decisiones automatizadas o elaboración de perfiles.

5ª   La previsión de transferencias a terceros países.

6ª   El modo en que el usuario podrá ejercer sus derechos ARCO y que tiene derecho a presentar una reclamación ante las autoridades de control si entiende que sus derechos han sido vulnerados o que no se cumple el RGPD.

Y si los datos no se obtienen del interesado, esto es, de la persona a la que pertenecen, la organización habrá de informarle antes de un mes o antes de la primera comunicación o de su comunicación a otros destinatarios:

❑   Del origen de los datos, por ejemplo una cesión legítima o de fuentes de acceso público.

❑   De las categorías de los datos.

Asimismo, con la aplicación del RGPD desapareció la obligación de inscribir ficheros, tanto de responsables públicos o privados, en el **Registro de Ficheros de la Agencia Española de Protección de Datos** (AEPD) o en el **registro de la autoridad autonómica competente.** Desde el día 25 de mayo de 2018, el responsable del tratamiento y el encargado deben llevar sendos **Registros de actividades de tratamiento** que se realicen bajo su responsabilidad.

La adaptación de una organización a las obligaciones del RGPD incluye la revisión de los tratamientos de datos de carácter personal que realiza, con la que se puede dar comienzo al conjunto de actividades que su cumplimiento va a requerir.

Este tratamiento –tanto de sus trabajadores como de aquellos colectivos de personas implicadas en la actividad, alumnos, clientes, pacientes, contribuyentes, proveedores, etcétera– debe plasmarse en construir y mantener actualizado un registro con las actividades de tratamiento.

A partir de la aplicación del Reglamento General de Protección de Datos, el 25 de mayo de 2018, finalizó la obligatoriedad de inscribir los ficheros en la Agencia Española de Protección de Datos (AEPD). Hasta esa fecha las organizaciones debían inscribirlo, lo que significaba una forma de notificar que realizaban un tratamiento de datos con una descripción del mismo.

Desde el día 25 de mayo de 2018, el responsable del tratamiento y el encargado deben llevar sendos Registros de actividades de tratamiento que se realicen bajo su responsabilidad.

De acuerdo al art. 4 del RGPD, el responsable del tratamiento es la persona física o jurídica, autoridad pública, servicio u otro organismo que, solo o junto con otros, determine los fines y medios del tratamiento; si el Derecho de la Unión o de los Estados miembros determina los fines y medios del tratamiento, el responsable del tratamiento o los criterios específicos para su nombramiento podrá establecerlos el Derecho de la Unión o de los Estados miembros.

El encargado del tratamiento es la persona física o jurídica, autoridad pública, servicio u otro organismo que trate datos personales por cuenta del responsable del tratamiento.

Los responsables y encargados del tratamiento de datos personales y, en su caso, sus representantes, deberán mantener un registro de las actividades de tratamiento efectuadas bajo su responsabilidad. Este registro deberá contener la información que recoge al respecto el art. 30 del Reglamento General de Protección de Datos (RGPD) y que es la siguiente:

Respecto a los **responsables**:

a) El nombre y los datos de contacto del responsable y, en su caso, del corresponsable, del representante del responsable y del delegado de protección de datos.

b) Los fines del tratamiento.

c) Una descripción de las categorías de interesados y de las categorías de datos personales.

d) Las categorías de destinatarios a quienes se comunicaron o comunicarán los datos personales, incluidos los destinatarios en terceros países u organizaciones internacionales.

e) En su caso, las transferencias de datos personales a un tercer país o una organización internacional, incluida la identificación de dicho tercer país u organización internacional y, en el caso de las transferencias indicadas en el art. 49, apartado 1, párrafo segundo, la documentación de garantías adecuadas.

f) Cuando sea posible, los plazos previstos para la supresión de las diferentes categorías de datos.

g) Cuando sea posible, una descripción general de las medidas técnicas y organizativas de seguridad a que se refiere el art. 32, apartado 1.

Respecto a los **encargados**, llevarán un registro de todas las categorías de actividades de tratamiento efectuadas por cuenta de un responsable que contenga:

a) El nombre y los datos de contacto del encargado o encargados y de cada responsable por cuenta del cual actúe el encargado, y, en su caso, del representante del responsable o del encargado, y del delegado de protección de datos.

b) Las categorías de tratamientos efectuados por cuenta de cada responsable.

c) En su caso, las transferencias de datos personales a un tercer país u organización internacional, incluida la identificación de dicho tercer país u organización internacional y, en el caso de las transferencias indicadas en el art. 49, apartado 1, párrafo segundo, la documentación de garantías adecuadas.

d) Cuando sea posible, una descripción general de las medidas técnicas y organizativas de seguridad a que se refiere el art. 30, apartado 1.

Los **registros** constarán por escrito, inclusive en formato electrónico.

El responsable o encargado del tratamiento y, en su caso, el representante del responsable o del encargado pondrán el registro a disposición de la autoridad de control que lo solicite.

Las organizaciones que empleen a menos de 250 trabajadores están exentas de configurar este registro de actividades, a menos que el tratamiento que realicen pueda entrañar un riesgo para los derechos y libertades de los interesados, no sea ocasional o incluya categorías especiales de datos o datos relativos a condenas e infracciones penales.

No obstante, hay que indicar que estas excepciones se aplican en casos muy limitados, puesto que en la práctica todos los tratamientos pueden suponer un riesgo para los derechos y libertades de los interesados, aunque sea ocasional, lo que viene a implicar que, en la práctica, la mayoría de los responsables o encargados del tratamiento que empleen a menos de 250 trabajadores estarán obligadas a llevar un registro de actividades de tratamiento.

Así pues, cada organización deberá llevar un **Registro de Actividades de tratamiento** de acuerdo a lo que el art. 30 del RGPD detalla. El art. 30.1 dicta su contenido para el responsable de tratamiento, y el 30.2 detalla el contenido del Registro de Actividades que el encargado de tratamiento debe llevar. La descripción del contenido de este Registro de Actividades recuerda bastante al de la notificación de un fichero en el marco de la LOPD.

Corresponde a cada organización, de acuerdo al principio de responsabilidad proactiva que rige el RGPD, decidir el **nivel de segregación o agregación** con el que desea registrar los tratamientos de datos de carácter personal que requiere su actividad. Deberá valorar hasta qué punto la segregación de sus tratamientos en elementos diferentes se corresponde con finalidades, bases jurídicas y categorías de afectados distintos.

Asimismo, le corresponde **ponderar la optimización de la gestión de la protección de datos** dentro de su organización para que resulte útil, ágil, efectiva y permita el cumplimiento de la finalidad que la legislación persigue: que los individuos cuyos datos de carácter personal son objeto de tratamiento puedan tener, en su caso, un control efectivo de los mismos.

Es posible abordar la construcción del Registro de actividades de tratamiento en **dos fases**: la primera de ellas puede consistir en la revisión de los tratamientos de datos que la organización realiza; corresponderá a la segunda fase revisar las nuevas obligaciones que el RGPD impone al responsable del tratamiento y que se deben incluir en el registro de actividades.

A la hora de elaborar el registro de actividades de tratamiento puede resultar útil construirlo en torno a conjuntos estructurados de datos, volver la vista a los ficheros que la organización hubiera descrito con anterioridad para comprobar si todos los tratamientos de datos de carácter personal estaban recogidos en ellos, si el nivel de detalle al que se hubiera llegado sigue siendo el adecuado o corresponde segregar o, por el contrario, unificar en una única actividad de tratamiento aquellas que tuvieran una misma finalidad o finalidades prácticamente idénticas, misma legitimación o base jurídica para su tratamiento e idéntico colectivo de afectados.

Una vez incorporadas al Registro de Actividades todas aquellas que responden a su ámbito de actividad, la organización deberá fijarse en las nuevas obligaciones que el RGPD establece sobre los responsables y encargados del tratamiento.

El RGPD impone a cada responsable de tratamiento al menos dos **obligaciones** que pueden suponer tratamientos sobre datos de carácter personal y, por lo tanto, actividades que necesariamente deben incluirse en un Registro de Actividades de tratamiento:

1ª. Atención a los derechos de las personas. Lo que antes iba implícito en la gestión de cada fichero ahora cabría definirlo como una actividad de tratamiento específica, puesto que se recogerán los datos personales necesarios, según los principios que el art. 5 del RGPD establece y explica, para poder atender los derechos de las personas que se dirijan a la organización.

2ª. Notificación de una quiebra de seguridad de los datos personales a la autoridad de control y a los interesados. Será esta una actividad que refleje los datos de carácter personal que deben incluirse para dar cumplimiento a lo establecido en los arts. 33 y 34 del RGPD.

En cualquier caso, y en ejecución del principio de responsabilidad proactiva, corresponde a la organización decidir de dónde parte a la hora de registrar sus actividades de tratamiento y cómo realizar la gestión de la misma.

Por último, el Registro de actividades de tratamiento está incluido en el art. 31 de la Ley Orgánica 3/2018, de 5 de diciembre. El art. 31.3 establece que los **sujetos** enumerados en el art. 77.1 de la citada ley orgánica harán público un **inventario de sus actividades de tratamiento accesible por medios electrónicos** en el que constará la información establecida en el art. 30 del Reglamento (UE) 2016/679 y su base legal. Los sujetos enumerados son los siguientes:

❑ Los órganos constitucionales o con relevancia constitucional y las instituciones autónomas análogas a los mismos.

❑ Los órganos jurisdiccionales.

❑ La Administración General del Estado, las Administraciones de las comunidades autónomas y las entidades que integren la Administración Local.

❑ Los organismos públicos y entidades de Derecho público vinculadas o dependientes de las Administraciones Públicas.

❑ Las autoridades administrativas independientes.

❑ El Banco de España.

❑ Las corporaciones de Derecho público cuando las finalidades del tratamiento se relacionen con el ejercicio de potestades de derecho público.

❑ Las fundaciones del sector público.

❑ Las Universidades Públicas.

❑ Los consorcios.

❑ Los grupos parlamentarios de las Cortes Generales y las Asambleas Legislativas autonómicas, así como los grupos políticos de las Corporaciones Locales.

Por último, para organizar este registro de actividades de tratamiento se puede:

❑ Partir de los ficheros que actualmente tienen notificados los responsables en el Registro General de Protección de Datos, detallando todas las operaciones que se realizan sobre cada conjunto estructurado de datos.

❑ Configurarlo en torno a operaciones de tratamiento concretas vinculadas a una finalidad básica común de todas ellas (por ejemplo, "gestión de clientes", "gestión contable" o "gestión de recursos humanos y nóminas") o con arreglo a otros criterios distintos.

5. Las medidas de seguridad para la protección de los datos de carácter personal recogidas en el Real Decreto 1720/2007

La protección de datos personales ha de acometerse no solo para evitar las sanciones por incumplimiento, sino porque la protección de clientes, usuarios, colaboradores o empleados es, además de una responsabilidad, un importante factor de competitividad y fidelización.

Pese a que las recientes modificaciones reglamentarias dejan sin efecto los contenidos desarrollados en el Real Decreto 1720/2007 en relación a las medidas de seguridad aplicables a los ficheros –ya no tiene sentido hablar de ficheros ni en el nuevo RGPD ni en la LOPD–, el Real Decreto se encuentra en vigor en todo aquello que no se oponga a la LOPD o al RGPD.

El **Título VIII** del Real Decreto 1720/2007, de 21 de diciembre, por el que se aprueba el Reglamento de desarrollo de la Ley Orgánica 15/1999, de 13 de diciembre, regula un aspecto esencial para la tutela del derecho fundamental a la protección de datos: **la seguridad**. Esta repercute sobre múltiples aspectos organizativos, de gestión y de inversión en todas las organizaciones que traten datos personales.

El RGPD define las normas y requisitos para que los responsables de tratamiento establezcan políticas de protección de datos personales a nivel de los Estados miembros de la UE.

Además, la plena aplicación del RGPD en la UE está provocando un aumento en las iniciativas de seguridad, tanto en los países miembros como fuera de la Unión. La protección de la privacidad en el RGPD ha de realizarse de forma proactiva, adoptando precauciones para garantizar los derechos y libertades de los usuarios con respecto a sus datos personales.

Es importante que todas las empresas –tanto grandes corporaciones como PYMES–, examinen su situación en lo relativo a las medidas de seguridad a adoptar para la protección de datos personales; están en juego factores como la competitividad y la confianza de los clientes.

Por último, el cumplimiento de las regulaciones –por ejemplo, el RGPD–, es un importante motor para implementar tecnologías de seguridad. Está siendo el caso del incremento del uso de tecnologías de cifrado de datos y de autenticación de doble factor.

5.1. ¿Quién está obligado a cumplir el RGDP?

Las sociedades, empresas, comunidades, asociaciones y trabajadores autónomos que han de cumplir el Reglamento son:

a)   Los establecidos en la UE, independientemente de si el tratamiento de los datos se realiza o no en la Unión.

b)   Los que ofrecen bienes y servicios a personas que se encuentren en la UE.

c)   Los que monitorizan el comportamiento de las personas que se encuentren en la UE.

5.2. Cumplimiento del RGPD

Para cumplir con el RGPD es preciso garantizar los derechos y libertades de las personas en el tratamiento de sus datos personales. Para ello, se adoptarán las siguientes **acciones**:

a) Es obligatorio identificar el tipo de tratamiento que se realizará con los datos: de alto riesgo o de bajo riesgo.

- Son de alto riesgo:

    ◊ Los que tratan datos de categorías especiales, por ejemplo los que realizan las empresas de los siguientes sectores:

    + Sanitario o legal.

    + Seguros.

    + Servicios sociales.

    + Actividades políticas, sindicales o religiosas.

    + Solvencia patrimonial y crédito.

    + Videovigilancia en centros comerciales o en estaciones de ferrocarril.

    ◊ Los que realizan tratamientos masivos de datos, por ejemplo, las empresas de los siguientes sectores:

    + Servicios de telecomunicaciones.

    + Entidades bancarias y financieras.

    + Generación y uso de perfiles.

    + Publicidad.

- Son de bajo riesgo los tratamientos que únicamente traten:

    ◊ Datos personales de contacto de clientes o proveedores.

    ◊ Datos básicos de recursos humanos.

    Si los tratamientos que se realizan son de bajo riesgo, AEPD pone a disposición de las organizaciones la herramienta "FACILITA RGPD"[1]. En base a los datos facilitados, generará:

    ◊ La información que es preciso incluir en los formularios de recogida de datos personales, tanto de clientes como de proveedores.

    ◊ Las cláusulas contractuales que es necesario adjuntar a los contratos de encargado de tratamiento, por ejemplo si se contrata a una gestoría o a un proveedor para el sitio web.

---

[1] *FACILITA RGPD es: https://www.aepd.es/es/guias-y-herramientas/herramientas/facilita-rgpd*

◊   Un modelo de Registro de Actividades de tratamiento.

◊   Un anexo con un conjunto mínimo de medidas de seguridad orientativas.

b)   Informar a los individuos y a las empresas sobre el tratamiento de sus datos de forma visible, accesible, sencilla y transparente. Es obligatorio obtener de ellos el consentimiento inequívoco o expreso según las categorías de los datos: ya no es válido el consentimiento tácito, esto es, basado en inacción u omisión.

c)   Permitir el ejercicio de los derechos de forma transparente, sencilla y en los plazos previstos.

d)   Notificar las violaciones de seguridad que pudieran afectarles.

e)   Realizar una evaluación de riesgos. El establecimiento de medidas organizativas y técnicas permitirá garantizar el nivel de seguridad adecuado al riesgo existente. La evaluación de riesgos ha de ser previa a la implantación de medidas tecnológicas y servirá también para priorizarlas.

f)   En el caso de contratar servicios externos que utilicen los datos personales, será necesario revisar los contratos con los responsables del tratamiento de la información.

Estas medidas tienen como objetivo la protección de los datos personales con garantías de seguridad, tanto si la infraestructura para el tratamiento está en local como si está externalizada o en la nube.

5.3.   Incumplimiento del RGPD

Todo ciudadano de la UE tiene el derecho a presentar **reclamaciones** –individuales o colectivas–, si considera que el tratamiento de sus datos vulnera el RGPD. Al considerarse la privacidad un derecho fundamental, tendrá derecho a una tutela judicial efectiva y a una indemnización por los posibles daños y perjuicios sufridos como consecuencia de la infracción.

En el curso de la investigación, las autoridades podrán ordenar al responsable del tratamiento de los datos personales que facilite información y permita el acceso a datos, locales, equipos o la realización de auditorías.

Las **sanciones** por infracción pueden ser desde advertencias, apercibimientos y limitaciones temporales de actividad, hasta la prohibición del tratamiento de los datos, ordenar su supresión e imponer multas.

No obstante, conviene que toda organización recuerde que el cumplimiento de la protección de datos personales de sus clientes, usuarios, colaboradores o empleados no únicamente sirve para evitar sanciones, sino que es un relevante factor de competitividad y fidelización.

5.4. Medidas de seguridad

Una estrategia proactiva que permita garantizar los derechos y libertades de los usuarios con respecto a sus datos personales, esto es, facilitándoles información sobre el tratamiento, recabando su consentimiento inequívoco o expreso, habilitando procedimientos sencillos para que puedan ejercer sus derechos ARCO, portabilidad, derecho al olvido y limitación del tratamiento no constituye la única medida de seguridad que una organización ha de adoptar para proporcionar garantías a usuarios, proveedores y empleados sobre sus datos personales. Todo el personal que intervenga en el tratamiento está involucrado en la seguridad de los datos y en garantizar los derechos y libertades. Por ello será necesario que:

a) Su soporte tecnológico y el área legal de la organización revisen contratos, adecúen políticas y ajusten procedimientos para conseguir que los tratamientos sean confiables.

b) El resto del personal entienda los cambios y sea capaz de ejecutarlos.

Es obligatorio proporcionar garantías sobre los datos a las personas, pero también hay que estar preparados para poder demostrar que ese proceso se está realizando correctamente.

En las organizaciones, dependiendo de su tamaño, del tipo de tratamiento que se realice y de las categorías de datos tratados, se adoptarán distintas medidas organizativas como, por ejemplo, nombrar a un Delegado de Protección de Datos o realizar un análisis de impacto. También será necesario adecuar las políticas y procedimientos internos para conocer cómo actuar en caso de incidentes o lograr la implicación de todos los que realizan tratamiento de datos para que sean conscientes de las garantías a ofrecer y de cómo aplicar la seguridad en los tratamientos.

Además, tras realizar una evaluación de los riesgos de los tratamientos para la privacidad de las personas, habrá que adoptar o adecuar también distintas medidas de carácter técnico: seudonimizar (tratarlos de manera que no puedan atribuirse a una persona identificada o identificable), cifrado, mecanismos para garantizar confidencialidad, integridad, disponibilidad y resiliencia de los sistemas y servicios dedicados al tratamiento, así como para restaurar el acceso en caso de incidente y, en cualquier caso, para verificar la eficiencia de las mismas.

5.4.1. Medidas de seguridad organizativas

Algunas medidas **de carácter organizativo** son las siguientes:

a) Elaboración de registros de actividad cuando sea obligatorio. Como ya se ha mencionado, no lo es si la organización cuenta con menos de 250 empleados, salvo que se realicen tratamientos de riesgo para los derechos y libertades de las personas, no ocasionales o que incluyan categorías especiales de datos o datos relativos a condenas e infracciones penales.

b)   Elaboración de contratos entre responsables y encargado, si se externaliza el tratamiento a terceros.

c)   Nombramiento de un Delegado de Protección de Datos (DPD) si se realizan tratamientos a gran escala de forma sistemática o con datos especiales, con sus responsabilidades organizativas de asesoramiento, supervisión, comunicación, punto de
contacto con la autoridad de control y cooperación.

También se consideran medidas organizativas las **responsabilidades asignadas al responsable o encargado** en su caso:

a)   Determinar la existencia de datos personales, clasificarlos y documentar su existencia, revisar que sean incorrectos y si se han compartido datos incorrectos informar
de esta circunstancia para su corrección.

b)   Identificar los tratamientos de datos personales, documentarlos y verificar la base
legal en la que se justifican. Además, habrá que revisar la forma en la que se tomó
el consentimiento y cómo se garantizan los derechos.

c)   Analizar de forma continua los riesgos que entrañan los tratamientos para los derechos y libertades de los usuarios. De este modo, se garantiza un nivel de seguridad
adecuado en extensión y profundidad, en función de la naturaleza de los datos,
tipos de tratamiento, número de afectados y otros tratamientos que realice la organización.

d)   Implementar evaluaciones de impacto cuando se realicen tratamientos de alto riesgo.

e)   Establecer un procedimiento –formando parte de un plan de respuesta a incidentes– para comunicar las violaciones de seguridad a la autoridad nacional antes de
las 72 horas y a los afectados si entraña un alto riesgo para su privacidad.

f)   Habilitar los medios para aplicar medidas de protección de datos desde el diseño
y por defecto como, por ejemplo, reducir los datos personales a tratar al mínimo,
seudonimizar lo antes posible y dotar de transparencia al tratamiento para permitir
la supervisión.

g)   Elaborar, revisar y aplicar las políticas internas de protección de datos, incluidas las
relativas a la asignación de responsabilidades, concienciación, formación y auditorías.

h)   Formar a todos los empleados que participen en el tratamiento en:

♦   Los derechos y libertades de los que han de informar y en los procedimientos
para atender a dichos derechos.

♦ El deber de confidencialidad y secreto, haciéndoles partícipes de las políticas para que eviten el acceso de terceros a los datos y la divulgación accidental, apliquen las medidas para el correcto almacenaje y destrucción segura de soportes y firmen acuerdos de confidencialidad que se extiendan más allá de la finalización de sus contratos.

i) Elaborar y difundir procedimientos internos para empleados que intervengan en el tratamiento que, en cualquier caso, deben contemplar el conocimiento de los derechos y de los requisitos de transparencia del RGPD.

j) Si los tratamientos incluyen transferencias internacionales a países fuera de la UE o con los que no exista convenio:

♦ Elaborar, revisar y poner los medios para aplicar las políticas relativas a las transferencias internacionales dentro del grupo empresarial o unión de empresas.

♦ Poner en marcha auditorías o inspecciones para garantizar el cumplimiento de las normas vinculantes relativas a la protección de datos dentro de un grupo empresarial o unión de empresas y métodos para garantizar acciones correctivas para proteger los derechos de las personas.

♦ Establecer un punto centralizado para tratar con una autoridad nacional para, por ejemplo, gestionar quejas de usuarios en el caso de que la organización se encuentre establecida en varios países.

5.4.2. Medidas de seguridad técnicas

Los procedimientos, las políticas y la formación son indispensables para cumplir con la normativa incluida en el RGPD, pero la técnica puede ayudar en todo el proceso, desde la toma inicial de datos hasta su destrucción final.

Además de implementar medidas en los procedimientos técnicos utilizados para notificar en caso de violaciones y para informar a los dueños de los datos sobre los tratamientos, obtener su consentimiento y garantizarles que pueden ejercitar sus derechos (acceso, borrado de los datos, portabilidad, oponerse, objetar al marketing directo y a la elaboración de perfiles), es de mucha utilidad identificar qué tipos de herramientas serán las más adecuadas para garantizar la seguridad de los datos personales y con ello, el cumplimiento del RGPD.

CATEGORÍA DE PRODUCTO	ÁMBITO DE APLICACIÓN				
	GESTIÓN DE ACCESO E IDENTIDAD	SEGURIDAD EN EL PUESTO DE TRABAJO	SEGURIDAD EN APLICACIONES Y DATOS	SEGURIDAD EN LOS SISTEMAS	SEGURIDAD EN LA RED
Anti-fraude Anti-phising, Antispam, Herramientas de filtrado de navegación, UTM, Appliance		☑	☑	☑	☑
Anti-malware Anti-virus, Anti-Adware, Anti-spyware, UTM, Appliance		☑	☑	☑	☑
Auditoría técnica Análisis de logs y puertos, vulnerabilidades, Auditoría de contraseñas, Auditoría de sistemas y ficheros	☑		☑		☑
Certificación normativa SGSI, Análisis de riesgos, Planes y políticas de seguridad, Normativas de seguridad		☑	☑	☑	☑
Contingencia y continuidad H. de gestión de planes de contingencia y continuidad, Copias de seguridad, Infraestructura de respaldo, Virtualización, Cloud		☑	☑	☑	☑
Control de acceso y autenticación Control de acceso a red, NAC, Gestión de identidad y autenticación, Single Sign-On, Certificados digitales, Firma electrónica	☑				
Cumplimiento legal Herramientas de cumplimiento legal (LOPD, LSSI,...), Borrado seguro, Destrucción documental	☑	☑	☑		
Inteligencia de seguridad Gestión de eventos de seguridad, SIM/SIEM, Big Data, Herramientas de monitorización y reporting			☑	☑	☑
Prevención de fuga de información Control de contenidos confidenciales, Gestión del ciclo de vida de la información, Herra mientas de cifrado		☑	☑		☑

CATEGORÍA DE PRODUCTO	ÁMBITO DE APLICACIÓN				
	GESTIÓN DE ACCESO E IDENTIDAD	SEGURIDAD EN EL PUESTO DE TRABAJO	SEGURIDAD EN APLICACIONES Y DATOS	SEGURIDAD EN LOS SISTEMAS	SEGURIDAD EN LA RED
Protección de las comunicaciones Cortafuegos (firewall), VPN, IDS, IPS, UTM, Appliance, Filtro de contenidos, P2P, Gestión y control de ancho de banda		☑	☑	☑	☑
Seguridad en dispositivos móviles Seguridad para dispositivos móviles, Seguridad para redes inalámbricas, BYOD	☑				☑

CATEGORÍA DE SERVICIO	ÁMBITO DE APLICACIÓN			
	PERSONAS	INFORAMCIÓN	INFRAESTRUCTURAS	NEGOCIO
Auditoría técnica test de intrusión, hacking ético, análisis de vulnerabilidades, ingeniería de seguridad, auditorías de código, auditoría forense		☑	☑	
Certificación de normativa SGSI, certificación y acreditación, planes y políticas de seguridad, análisis de riesgos	☑	☑	☑	☑
Contingencia y continuidad copias de seguridad remotas (backup), planes de contingencia, centros de respaldo				☑
Cumplimiento legal consultoría legal, auditoría de legislación, borrado seguro, destrucción documental	☑	☑	☑	
Formación y concienciación formación en materia de ciberseguridad, certificación profesional, sensibilización y concienciación	☑			
Gestión de incidentes prevención, detección, respuesta a incidentes de seguridad	☑	☑	☑	
Implantación de soluciones soluciones de ciberseguridad, ciber-resilencia, ciberseguridad industrial			☑	
Seguridad en la nube software como servicio (SaaS), plataforma como servicio (PaaS), infraestructura como servicio (IaaS)		☑	☑	☑
Soporte y mantenimiento seguridad gestionada, outsourcing de personal, externalización de servicios		☑	☑	

Fuente: Taxonomía de soluciones de ciberseguridad" Instituto Nacional de Ciberseguridad (INCIBE)

A) Cómo se puede garantizar la seguridad de los tratamientos

Si una organización trata datos de carácter personal es necesario que adopte las medidas de seguridad necesarias para evitar que esos datos caigan en manos o sean accedidos por terceros no autorizados, se pierdan o se traten con posterioridad para fines no autorizados y para que las autoridades puedan verificarlo.

Además, las organizaciones deben controlar los datos personales en todo momento y poder demostrarlo. De esta forma, es obligatorio conocer y asegurar en todo momento, durante todo el tratamiento, las ubicaciones de los datos, esto es, dónde están en los sistemas, equipos informáticos, discos duros, dispositivos móviles y servicios externos que se contraten, así como en los servicios de proveedores web o servicios de almacenamiento, correo y todo tipo de aplicaciones en la nube, o tránsito en los servicios de comunicaciones.

Para determinar dónde están ubicados los ficheros que contienen datos personales, clasificarlos según su criticidad, monitorizar su uso, conocer quién accede, cuándo se borran y cifrarlos cuando sea preciso existe un gran número de soluciones de almacenamiento de datos, gestores documentales e incluso de inteligencia del negocio *(business intelligence)* si los datos se encuentran en formatos diversos y fuentes variadas. Como muestra la tabla de taxonomía, para esta funcionalidad son también de utilidad herramientas presentes en las categorías de Prevención de fugas de información y de Cumplimiento legal como, por ejemplo, las de borrado seguro.

Para garantizar la seguridad de los datos en cuanto a su confidencialidad, integridad y disponibilidad deberán aplicarse **herramientas tecnológicas** que permitan:

a) Evitar accesos no autorizados y restringir el acceso a los datos aplicando principios de mínimos privilegios mediante sistemas de Gestión de identidad y autenticación de la categoría de Control de accesos y autenticación. Aquellos servicios que sean críticos deben contar con doble factor de autenticación para acceder a ellos.

b) Realizar copias de respaldo mediante herramientas específicas para hacer Copias de seguridad, que son herramientas propias de planes de Contingencia y continuidad.

c) Seudonimizar y cifrar los datos. Para ello se utilizan herramientas de cifrado, que pertenecen a la categoría de Prevención de fuga información. El cifrado garantiza la confidencialidad y la integridad. Adicionalmente, reduce el riesgo de sanciones y evita que sea necesario informar a los usuarios en caso de brecha de seguridad.

El tratamiento de grandes volúmenes de datos *(Big Data)* permite predecir el comportamiento de un usuario: descubrir tendencias, realizar patrones de compras, pronósticos y anticiparse a cambios en la demanda. Estos tratamientos suponen un desafío a la hora de garantizar la privacidad. Al anonimizar estos datos se elimina o reduce al mínimo el riesgo de reidentificación de las personas y estos datos podrán almacenarse o tratarse, por ejemplo, para fines estadísticos.

Los datos son anonimizados si no incluyen identificadores y son seudonimizados si estos identificadores se encuentran cifrados.

d)   Controlar el almacenamiento, los soportes y el acceso a los datos con herramientas como las mencionadas de Prevención de fugas de información, también en los dispositivos móviles si son utilizados para los tratamientos. También habrá que controlar los dispositivos y soportes con herramientas que permiten la realización de inventarios de los mismos y del software instalado, verificando que sea legítimo y se encuentre actualizado.

e)   Para proteger los datos ubicados en los dispositivos, tanto en el puesto de trabajo, en el correo electrónico y en las comunicaciones se utilizarán herramientas antifraude y antimalware.

f)   Se utilizarán mecanismos adecuados para la Protección de las comunicaciones cableadas e inalámbricas. Herramientas como los sistemas cortafuegos permitirán segmentar y restringir las partes de la red donde se tratan datos personales, evitando así que puedan estar accesibles a terceros no autorizados. Asimismo, habrá que asegurar las comunicaciones con redes privadas virtuales (en inglés, *Virtual Private Networks,* VPN).

Si una organización ya cumplía con la LOPD deberá revisar que las medidas que tomaba están acordes con el nuevo Reglamento, pues no tienen el mismo tratamiento. El RGPD, en su art. 32, establece que la adopción de estas medidas –organizativas y técnicas– ha de ser la apropiada para garantizar un nivel de seguridad adecuado al riesgo y se tendrán en cuenta, además:

❑   El estado de la técnica a emplear.

❑   Los costes de aplicación.

❑   La naturaleza, el alcance, el contexto y los fines del tratamiento.

❑   Los riesgos de probabilidad y gravedad variables para los derechos y libertades de las personas físicas.

B) Rendición de cuentas

Desde el 25 de mayo de 2018 es necesario tener en cuenta que el responsable y el encargado del tratamiento deben establecer las medidas técnicas y organizativas apropiadas para garantizar el nivel de seguridad adecuado al riesgo existente. Además de los procedimientos del apartado anterior, habrá que considerar:

a) Para demostrar la capacidad de garantizar la confidencialidad, integridad, disponibilidad y resiliencia permanentes de los sistemas y servicios de tratamiento se utilizarán herramientas que posibiliten mantener actualizados y vigilados los sistemas como las de Auditoría técnica y, dependiendo de la complejidad de los tratamientos, herramientas de inteligencia de seguridad.

b) Para demostrar la capacidad de restaurar la disponibilidad y el acceso a los datos personales de forma rápida, en caso de incidente físico o técnico, se utilizarán planes y herramientas de Contingencia y continuidad, ya mencionadas anteriormente.

Además, se dispondrá de un proceso de verificación, evaluación y valoración regular de la eficacia de las medidas técnicas y organizativas aplicadas para garantizar la seguridad del tratamiento. Todo esto puede automatizarse mediante la utilización de herramientas como las de Simulación de ataques y brechas de seguridad, dependiendo del tratamiento.

Adicionalmente, para monitorizar la actividad de los usuarios autorizados es posible implementar el uso de herramientas que incluyan técnicas de Inteligencia Artificial.

Todas estas medidas han de proteger los datos personales de manera que sean tratados con garantías de seguridad incluyendo protección contra el procesamiento no autorizado o ilegal y para evitar la pérdida accidental, su destrucción o que sufran daños y todo esto tanto si la infraestructura para el tratamiento se encuentra en local como si está externalizada o en la nube.

La utilización de servicios en la nube (Dropbox, Office 365 o algún sistema CRM –*Customer Relationship Management*, Gestión de la relación con el cliente– o ERM –*Enterprise Risk Management*, Gestión de riesgos empresariales– en línea) exige la confirmación de que en todos ellos puedan aplicarse los mismos requisitos de seguridad para los datos tratados que los que se realizarían en las instalaciones de la organización.

Una buena práctica si se utilizan servicios en la nube es el cifrado y, a ser posible, la anonimización de todos los datos personales que vayan a subirse a dicha nube.

Otra buena práctica consiste en revisar la seguridad que se solicita al proveedor de nube y elegir servicios de nube certificados o servicios de los denominados intermediarios de seguridad en la nube (en inglés *Cloud Security Access Brokers,* CSAB).

Siempre es una posibilidad a valorar apoyarse en un proveedor tecnológico para la gestión de riesgos de privacidad y determinar las medidas organizativas y técnicas necesarias para lograr las garantías que el RGPD demanda.

6. Guía para la realización de la auditoría bienal obligatoria

La realización de auditorías periódicas con carácter bienal era obligatoria de acuerdo a la anterior normativa de protección de datos (Ley Orgánica 15/1999). El también derogado Real Decreto 994/1999, de 11 de junio, por el que se aprobaba el Reglamento de medidas de seguridad de los ficheros automatizados que contengan datos de carácter personal regulaba en su art. 17 la obligación de realizar, al menos cada dos años y para los ficheros de nivel medio, auditorías en materia de seguridad de datos. Estas auditorías podrían ser internas o externas.

Posteriormente, el Real Decreto 1720/2007, de 21 de diciembre, por el que se aprueba del Reglamento de desarrollo de la Ley Orgánica 15/1999, ampliaba el ámbito de la auditoría al extenderla a los soportes no automatizados a partir del nivel medio y siempre que se produjeran modificaciones sustanciales en los sistemas de información. Además, el informe de auditoría ya no se limitaba a las medidas de seguridad, sino también había de dictaminar sobre la adecuación de las medidas y controles a la Ley y a su desarrollo reglamentario.

El RGPD no ha incluido una referencia expresa y explícita a la obligación de realizar una auditoría de cumplimiento. Es cierto que en el art. 32.1.d exige que se aplique *"un proceso de verificación, evaluación y valoración regulares de la eficacia de las medidas técnicas y organizativas para garantizar la seguridad del tratamiento"*, pero no se establecen procedimientos o formatos específicos para llevar a cabo dichas tareas de revisión y evaluación.

Por otra parte, el RGPD, dentro de las funciones del Delegado de Protección de Datos, recoge expresamente (art. 39) la **obligación de supervisar el cumplimiento de la normativa y de las políticas** del responsable o del encargado del tratamiento en materia de protección de datos personales, **incluidas las auditorías correspondientes**. Por tanto, el RGPD sí menciona –al menos en los casos en los que la empresa está obligada a designar un DPD–, la realización de auditorías como procedimiento de revisión y evaluación.

Esta auditoría no podrá ser realizada por dicho Delegado, pues pondría en peligro su independencia y, además, la auditoría también debe verificar el cumplimiento de las funciones del propio DPD. Su papel se limita a supervisar dichas auditorías, garantizando que las conclusiones lleguen al órgano encargado de proponer y/o implantar acciones correctoras de las posibles disconformidades encontradas.

Por lo que respecta a la nueva LOPD, no entra ni en la obligación de realizar auditorías o procesos de verificación alguno, ni hace referencia al RGPD sobre este aspecto. No obstante, el art. 54 de la LOPD, establece que *"La Presidencia de la Agencia Española de Protección de Datos podrá acordar la realización de planes de auditoría preventiva, referidos a los tratamientos de un sector concreto de actividad. Tendrán por objeto el análisis del cumplimiento de las disposiciones del Reglamento (UE) 2016/679 y de la presente ley orgánica, a partir de la*

realización de actividades de investigación sobre entidades pertenecientes al sector inspec-
cionado o sobre los responsables objeto de la auditoría".

La **Presidencia de la AEPD**, a resultas de los planes de auditoría, podrá dictar las directrices generales o específicas para un concreto responsable o encargado de los tratamientos
precisas para asegurar la plena adaptación del sector o responsable al RGPD y de la LOPD.
En la elaboración de las citadas directrices la Presidencia de la AEPD podría solicitar la colaboración de los organismos de supervisión de los códigos de conducta y resolución extrajudi-
cial de conflictos, si los hubiere.

Finalmente, establece que las directrices serán de obligado cumplimiento para el sector
o responsable al que se refiera el plan de auditoría.

La AEPD sí que ha hecho referencia a la realización de auditorías, pero lo ha hecho en
el marco de las relaciones entre responsable y encargado del tratamiento. En la **"Guía con
las directrices para la elaboración de contratos entre Responsables y Encargados del
Tratamiento"**[2] que publicó con los puntos clave a considerar en esta relación contractual
conforme a las nuevas implicaciones legales incluidas en el RGPD, sí recoge la obligación
del encargado de permitir y contribuir a la realización de auditorías, incluidas inspecciones,
realizadas por el responsable o por otro auditor autorizado por aquel y de poner a disposición
del responsable toda la información necesaria para demostrar el cumplimiento de sus obligaciones así como para la realización de auditorías.

Por tanto, en los casos de encargados de tratamientos sí existe una obligación de realizar
auditorías, al menos en su relación con el responsable y dentro del deber de diligencia que la
norma le impone.

Finalmente, a modo de conclusión, ni el RGPD ni la LOPD requieren incluir la auditoría
en sí como una medida obligatoria. Ninguna de las dos normativas concreta en qué casos y a
qué tratamientos resultarías obligatoria dicha auditoría, sino que vendrá determinada por sus
propios riesgos.

 *Acude a los Contenidos Extra para consultar el Resumen y realizar la*
Autoevaluación de esta unidad.

---

[2]   Guía con las directrices para la elaboración de contratos entre Responsables y Encargados del Tratamiento:
      https://www.aepd.es/sites/default/files/2019-10/guia-directrices-contratos.pdf

Análisis de riesgos de los sistemas de información

Objetivos

- ▣ Entender en profundidad los términos asociados al análisis de riesgos (amenaza, vulnerabilidad, impacto y contramedidas), estableciendo la relación existente entre ellos.

- ▣ Identificar las fases del análisis de riesgos, describiendo el objetivo de cada una de ellas.

- ▣ Conocer alguna de las metodologías más utilizadas en materia de planificación de riesgos.

Contenido

Introducción

1. Introducción al análisis de riesgos

2. Principales tipos de vulnerabilidades, fallos de programa, programas maliciosos y su actualización permanente, así como criterios de programación segura

3. Particularidades de los distintos tipos de código malicioso

4. Principales elementos del análisis de riesgos y sus modelos de relaciones

5. Metodologías cualitativas y cuantitativas de análisis de riesgos

6. Identificación de los activos involucrados en el análisis de riesgos y su valoración

7. Identificación de las amenazas que pueden afectar a los activos identificados previamente

8. Análisis e identificación de las vulnerabilidades existentes en los sistemas de información que permitirían la materialización de amenazas, incluyendo el análisis local, análisis remoto de caja blanca y de caja negra

9. Optimización del proceso de auditoría y contraste de vulnerabilidades e informe de auditoría

10. Identificación de las medidas de salvaguarda existentes en el momento de la realización del análisis de riesgos y su efecto sobre las vulnerabilidades y amenazas

11. Establecimiento de los escenarios de riesgo entendidos como pares activo-amenaza susceptibles de materializarse

12. Determinación de la probabilidad e impacto de materialización de los escenarios

13. Establecimiento del nivel de riesgo para los distintos pares de activo y amenaza

14. Determinación por parte de ia organización de los criterios de evaluación del riesgo, en función de los cuales se determina si un riesgo es aceptable o no

15. Relación de las distintas alternativas de gestión de riesgos

16. Guía para la elaboración del plan de gestión de riesgos

17. Exposición de la metodología NIST SP 800-30

18. Exposición de la metodología Magerit versión 2

Acude a los Contenidos Extra para ver el mapa conceptual de esta Unidad Didáctica, objeto de estudio fundamental para situarte según avances en los contenidos.

Introducción

El concepto de riesgo está presente en la totalidad de las actividades que realiza el ser humano. Desde este punto de vista, la toma de consideración de los riesgos que todo proyecto de carácter tecnológico presenta y enfrenta, exige conocer las prioridades del proyecto, los riesgos potenciales, externos e internos, a los que se enfrenta y las posibles medidas tanto preventivas como paliativas, que se deben tomar.

Podemos decir que el análisis de riesgos es el primer ladrillo de una estrategia completa de seguridad informática. Por otra parte, un riesgo es un suceso incierto y con un potencial impacto negativo. Así, el análisis de riesgo será el proceso cuantitativo o cualitativo que permite evaluar los riesgos.

Como todo proceso de análisis, el análisis de riesgos debe seguir una metodología rigurosa, sistemática y que nos permita valorar todos los riesgos existentes a la vez que orientar las medidas para su eliminación o, caso de que se presenten, su resolución. En esta Unidad Didáctica vamos a estudiar cómo se analizan los riesgos, qué metodologías existen y en qué factores abundan a fin de ser realmente eficaces.

1. Introducción al análisis de riesgos

*El análisis del riesgo es un método sistemático de **recopilación, evaluación, registro y difusión** de información necesaria para elaborar recomendaciones, propuestas de actuación y medidas concretas en respuesta a un peligro determinado.*

Podemos considerar el análisis del riesgo como un proceso que consta de cuatro etapas:

❑ Identificación del peligro.

❑ Evaluación del riesgo.

❑ Gestión del riesgo.

❑ Comunicación del riesgo.

La **identificación del peligro** consiste en identificar el acontecimiento adverso que es motivo de preocupación.

En la **evaluación del riesgo** se tiene en cuenta la probabilidad (la probabilidad real y no solo la posibilidad) de que se produzca el peligro, las consecuencias si ocurre y el grado de incertidumbre que supone.

La **gestión del riesgo** consiste en la identificación y aplicación de la mejor opción para reducir o eliminar la probabilidad de que se produzca el peligro.

La **comunicación del riesgo** consiste en el intercambio abierto de información y opiniones aclaratorias que llevan a una mejor comprensión y adopción de decisiones.

Con el estudio de este epígrafe hemos aprendido a:

❑ *Identificar las fases del análisis de riesgo, describiendo el objetivo de cada una de ellas.*

2. Principales tipos de vulnerabilidades, fallos de programa, programas maliciosos y su actualización permanente, así como criterios de programación segura

*Según el diccionario de la Real Academia de la Lengua, algo es **vulnerable** cuando puede ser herido o recibir lesión, física o moralmente. Así un sistema presenta vulnerabilidades cuando sus componentes son susceptibles de ser atacados y recibir daños que podrán, incluso, paralizar el sistema.*

Entre los principales tipos de vulnerabilidades, podemos destacar las siguientes:

❑ **Físicas:** presentes en el entorno en el que la información se almacena, gestiona, consulta, transforma, etc.

❑ **Hardware:** posibles defectos de fabricación o configuración que puedan poner en riesgo la información que alojan y / o gestionan.

❑ **Comunicación:** asociadas a todo el proceso de envío y transmisión de información. Contempla el acceso a ondas de radio, señales enviadas por cable, fallos en dispositivos específicos, etc., que supongan la falta de disponibilidad de acceso, comúnmente denominada falta de conectividad, o el acceso no autorizado por parte de terceros.

- ❑ **Humanas:** relacionada con los daños que, intencionada o inadvertidamente, los usuarios o los operadores de la información puedan causarle por un mal uso de los procedimientos, dispositivos o aplicaciones puestas a su disposición. Pueden ser de dos tipos:

    - ◆ Motivados por falta de capacitación.

    - ◆ Motivados por falta de concienciación sobre la seguridad de la información.

- ❑ **Software:** hay multitud de ellas. Pueden ser aplicaciones realizadas específicamente para dañar o explotar sistemas, fallos en el diseño de los programas que resulten en problemas de integridad o incluso pérdidas de información, fallos en la configuración de los sistemas operativos que pongan la información al alcance de terceros, etc.

Por ser las más habituales y numerosas y, también, por que los ataques de terceras partes utilizan herramientas habitualmente programas diseñados a los efectos, nos detendremos brevemente en revisar algunos tipos habituales de vulnerabilidades producidas por software, convertidas, a su vez, en técnicas de ataque concretas:

- ❑ **Inyecciones de SQL**: estos ataques infiltran código intruso que aprovechan vulnerabilidades fruto del diseño defectuoso de aplicaciones de gestión de bases de datos. Se conoce como Inyección SQL al tipo de vulnerabilidad que permite incrustar código SQL intruso. El origen de la vulnerabilidad radica en el incorrecto chequeo y/o filtrado de las variables utilizadas en un programa que contiene, o bien genera, código SQL.

- ❑ **Desbordamiento de búffer**: es un error de software que se produce cuando un programa no controla adecuadamente la cantidad de datos que se copian sobre un área de memoria reservada a tal efecto (buffer), de forma que, si dicha cantidad es superior a la capacidad reasignada, los bytes sobrantes se almacenan en zonas de memoria adyacentes, sobrescribiendo su contenido original. Este fallo de programación crea una vulnerabilidad que puede ser aprovechada por un usuario malintencionado para influir en el funcionamiento del sistema. En algunos casos el resultado es la capacidad de conseguir cierto nivel de control saltándose las limitaciones de seguridad habituales. Si el programa con el error en cuestión tiene privilegios especiales puede llegar a suponer un grave riesgo para la seguridad del sistema.

- ❑ **Secuestro de clic o *clickjacking***: es una técnica maliciosa diseñada para engañar a usuarios de Internet, a fin de que revelen información confidencial o permitan tomar control de su ordenador al hacer clic en páginas web aparentemente inocentes. Un ataque de *clickjacking* suele realizarse mediante la ejecución de código embebido sin el conocimiento del usuario, aparentando, por ejemplo, ser un botón para realizar otra función.

❑ **Secuencia de comandos en sitios cruzados o XSS**, del inglés *Cross-site scripting*: agujero de seguridad o vulnerabilidad propia de las aplicaciones web, que facilita a terceras partes inyectar código JavaScript o generado en otro lenguaje script similar en páginas web vistas por el evitando medidas de control como la política del mismo origen, lo que posibilita la descarga de software procedente de la dirección IP del usuario, sea esta cual sea.

❑ Falsificación de petición de sitios cruzados, o **CSRF** *(Cross-siterequestforgery)*: es un tipo de **exploit** malicioso de un sitio web en el que un usuario accediendo a un sitio de confianza transmite inadvertidamente una secuencia de comandos no autorizados por el sistema. Esta vulnerabilidad es conocida también por otros nombres como **enlace hostil, ataque de un clic, cabalgamiento de sesión, y ataque automático**.

❑ **Condición de carrera o *racecondition***. En un ordenador cualquiera en un momento determinado, múltiples procesos están en condición de carrera si su resultado depende del orden en que se ejecute. Si los procesos que están en condición de carrera no son correctamente sincronizados, puede producirse un error de corrupción de datos, lo que puede ser aprovechado por "exploits" o porciones de código maligno instalado inadvertidamente a nivel local para vulnerar los sistemas.

*Exploit (del inglés "**to exploit**", **explotar** o **aprovechar**) es un programa de software, fragmento de datos o secuencia de comandos y/o acciones, diseñada con el fin de aprovechar una vulnerabilidad de seguridad de un sistema de información para conseguir un comportamiento no deseado del mismo.*

Para evitar en lo posible el aprovechamiento por usuarios maliciosos de las vulnerabilidades del sistema, más allá de la adopción de políticas de seguridad o la implementación de software o hardware específicos para la protección de sistemas, se recomiendan dos grandes líneas estratégicas:

❑ **Actualización permanente de nuestros sistemas**. Los *exploits* están continuamente en proceso de mejora, a fin de asegurar a sus desarrolladores la eficacia continua en la explotación de sistemas ajenos. Por tanto, una de las labores principales de los administradores de sistemas será asegurarse de que estos últimos cuentan siempre con las actualizaciones de seguridad que periódicamente van publicando los fabricantes de los sistemas operativos y de los dispositivos que forman parte del sistema.

❑ **El desarrollo de código robusto.** Es la otra gran columna sobre la que se asienta la seguridad informática. La **programación segura** es una rama de la ingeniería de software que estudia la seguridad del código fuente de una aplicación cualquiera a fin de encontrar y buscar una solución a los errores de software detectados que facilitan la aparición de vulnerabilidades.

Algunas de las medidas que contemplará el desarrollo de código seguro deberán estar diseñadas para contrarrestar las vulnerabilidades más típicas. Así, por ejemplo, el diseño robusto de aplicaciones contemplará, entre otras, las siguientes medidas:

❑ Control del trabajo con el flujo de datos.

❑ Declaración segura de estructuras de datos.

❑ Utilización de funciones seguras para proteger de desbordamientos de pila.

❑ Análisis profundo de otros errores de software mediante testeos del software en ejecución y creación de parches para los mismos que solucionen tales vulnerabilidades.

❑ Diseño de parches heurísticos para proveer un cierto grado de seguridad proactiva.

❑ Uso de criptografía y otros métodos para evitar que la seguridad del software sea superada.

3. Particularidades de los distintos tipos de código malicioso

A continuación, vamos a describir brevemente los distintos tipos de código malicioso, también conocido como malware, que podemos encontrarnos en la actualidad. Esta relación sin ser exhaustiva, nos permite hacernos una idea de la heterogeneidad del código malicioso existente.

❑ **Botnets o zombies:** los botnets se propagan a través de Internet utilizando a un gusano como medio de transporte, lanzados mediante envíos masivos de spam o bien aprovechando vulnerabilidades en los navegadores. Una vez que se logra una gran cantidad de sistemas infectados mediante troyanos, se forman amplias redes que "trabajan" para el creador del programa. El grupo "propietario de la red" de zombies puede, a su vez, alquilar a otros grupos su red para realizar alguna acción ilegal. El objetivo de las redes zombies puede ser realizar ataques de DDos, distribución de SPAM, etc.

 **Gusano:** *se trata de un malware que actúa por sí solo y generalmente se propaga a través de la red ocupando procesos y memoria del sistema sin dañar programas, pero ocupando recursos y pudiendo llegar a colapsar el sistema. Generalmente son invisibles al usuario.*

DDos: *Ataque por denegación se servicios/recursos. Colapsa la red volviéndola intransitable e inoperativa. Es una técnica utilizada por hackers para colapsar un puesto o servidor y dejarlo inoperativo.*

❑ **Backdoor o "puertas traseras":** estos programas son diseñados para abrir una "puerta trasera" en nuestro sistema de forma que el creador del Backdoor tenga acceso al sistema con derechos de administrador. El objetivo es lograr una gran cantidad de computadoras infectadas para disponer de ellos libremente hasta el punto de formar redes de botnets u ordenadores "zombies".

❑ **Exploit:** programa informático que "explota" una vulnerabilidad del sistema para aprovechar esta deficiencia en beneficio del creador del mismo. Suele utilizarse para fines "perversos", como permitir el acceso a un sistema o como parte de otros malware como gusanos y troyanos. Explotar tales vulnerabilidades posibilita el uso de funciones del sistema que no estarían permitidas en caso normal, como alterar los permisos de ciertos roles, desactivar discos duros, etc. Existen diversos tipos de exploits dependiendo las vulnerabilidades utilizadas y son publicados cientos de ellos por día para cualquier sistema y programa existente pero solo una gran minoría son utilizados como parte de otros malware (aquellos que pueden ser explotados en forma relativamente sencilla y que pueden lograr gran repercusión).

❑ **Keylogger:** programa que registra y graba la pulsación de teclas (y algunos clics del ratón). Actualmente existen dispositivos de hardware o bien aplicaciones (software) que realizan estas tareas. Los **keyloggers físicos** son pequeños dispositivos que se instalan entre nuestra computadora y el teclado. Con respecto a las **keyloggers por software**, actualmente son los más comunes, muy utilizados por el malware orientado a robar datos confidenciales o privados del usuario. Se registra toda la información que el usuario teclee, como por ejemplo documentos, nombres de usuarios, contraseñas, números de tarjetas, Números PIN, etc.

❑ **Zero Day:** es un exploit que no ha sido neutralizado por un parche del fabricante del software original, pues no es conocido todavía por este.

❑ **Gusanos o Worms:** son programas desarrollados para reproducirse por algún medio de comunicación como el correo electrónico (el más común), mensajeros o redes P2P. Su objetivo es llegar a la mayor cantidad de usuarios posible y lograr distribuir otros tipos de códigos maliciosos como troyanos, backdoors o keyloggers, que serán los encargados de llevar a cabo el engaño, robo o estafa.

Otro objetivo muy común de los gusanos es realizar ataques de DDoS, Denial of Service, contra sitios webs específicos o incluso eliminar "virus que son competencia" para el negocio que se intente realizar.

❑ **Hoax** (del inglés engaño o bulo): es un mensaje de correo electrónico con contenido falso o engañoso y normalmente distribuido en cadena. Los objetivos que persigue quien inicia un hoax son captar direcciones de correo y saturar la red o los servidores de correo.

❑ **Phishing:** es una técnica de ingeniería social utilizada por los delincuentes para obtener información confidencial como nombres de usuario, contraseñas y detalles de tarjetas de crédito haciéndose pasar por una comunicación confiable y legítima.

Requiere la capacidad de duplicar una página web para hacer creer al visitante que se encuentra en el sitio web original. El engaño suele llevarse a cabo a través de correos electrónicos que contienen enlaces a un sitio web falso con una apariencia casi idéntica a un sitio legítimo. Una vez en el sitio falso, los usuarios deberán teclear sus datos confidenciales.

❑ **Rogue o Scareware:** son sitios web o programas que simulan ser una aplicación de seguridad, normalmente gratuita, pero que en realidad instala software malicioso una vez ejecutados. Son aplicaciones sencillas de desarrollar, ya que los programas solo muestran unas pocas pantallas y unos cuantos mensajes falsos para engañar al usuario. Si el usuario cae en la trampa, es cuando se instala realmente el software malicioso que puede, por ejemplo, haber sido adquirido por la organización que elaboró el Rogue con un fin fraudulento.

❑ **RootKit:** es un programa o conjunto de programas que un intruso usa para esconder su presencia en un sistema y le permite acceder en el futuro para manipularlo con posterioridad. Para llevar a cabo su objetivo, el Rootkit altera el proceso de ejecución del sistema operativo o manipula datos y variables del sistema para evitar su identificación en caso de realizarse una auditoría del sistema.

Un rootkit no es un exploit, es el software que se usa tras haber utilizado el exploit inicial. Tampoco es software malicioso en sí mismo, pero sí tiene la capacidad de dañar un sistema si es incorrectamente utilizado.

El término ha evolucionado y actualmente es un conjunto de herramientas utilizadas en cualquier sistema para conseguir acceder ilícitamente al mismo. Generalmente se los utiliza para ocultar procesos y programas que permiten acceso al sistema atacado, incluso tomar control de parte del mismo.

Actualmente, se utilizan también para controlar componentes del sistema y permitir o denegar su utilización.

❑ **Adware:** software que despliega publicidad de distintos productos o servicios. Estas aplicaciones incluyen código adicional que muestra la publicidad en ventanas emergentes, o a través de una barra que aparece en la pantalla simulando ofrecer distintos servicios útiles para el usuario. Estas aplicaciones suelen agregar iconos

en las barras de herramientas de los navegadores de Internet o en los clientes de correo, con palabras claves predefinidas para que el usuario llegue a sitios con publicidad, independientemente de lo que realmente esté buscando.

❑ **Spyware o Software espía:** son aplicaciones que recopilan información sobre una persona u organización sin su conocimiento ni consentimiento. El objetivo más común es distribuirlo a empresas publicitarias u otras organizaciones interesadas. Normalmente, estas aplicaciones envían información a sus servidores sobre los hábitos de navegación del usuario. Recogiendo datos acerca de las webs que se visitan y la información que se solicita en esos sitios, así como direcciones IP y URL's visitadas por el usuario.

❑ **Troyano** –o Caballo de Troya,– es un virus informático o programa malicioso capaz de alojarse en computadoras y permitir el acceso a usuarios externos, a través de una red local o de Internet, con el fin de recabar información.

Suele ser un programa de pequeño tamaño alojado dentro de una aplicación, una imagen, un archivo de música u otro elemento de apariencia inocente, que se instala en el sistema al ejecutar el archivo que lo contiene.

Una vez instalado parece realizar una función útil (aunque cierto tipo de troyanos permanecen ocultos y por tal motivo los antivirus o anti troyanos no los eliminan) pero internamente realiza otras tareas de las que el usuario no es consciente, de ahí su nombre.

Habitualmente se utiliza para espiar, usando la técnica para instalar un software de acceso remoto que permite monitorizar lo que el usuario legítimo de la computadora hace y, por ejemplo, capturar las pulsaciones del teclado con el fin de obtener contraseñas u otra información sensible.

Dada su potencial letalidad, algunos de ellos son capaces de paralizar un sistema por completo en minutos. La mejor defensa contra los troyanos es no ejecutar ninguna aplicación de origen desconocido y mantener el software antivirus actualizado.

En el ámbito de la prevención, una forma de detectarlos es inspeccionando frecuentemente la lista de procesos activos en memoria en busca de elementos extraños, vigilar accesos a disco innecesarios, etc.

❑ **Spoofing:** es una **técnica de ingeniería social** por la cual una persona o un programa se hace pasar por un tercero en el acceso a cualquier servidor, red social, aplicación que requiera la identificación mediante el uso de un par usuario-contraseña. Esta técnica utiliza una o varias de las técnicas comentadas en este apartado para hacerse con los datos que posibiliten la suplantación de identidad.

4. Principales elementos del análisis de riesgos y sus modelos de relaciones

En este proceso de análisis buscamos el proceso que identifica las vulnerabilidades y amenazas a los que se encuentra expuesto el supuesto caso informático. Bien sea a un equipo determinado, a una base de datos en concreto o bien a una completa red informática formada por múltiples dispositivos.

Dependiendo si el elemento es un elemento hardware/software o es un elemento de riesgo podemos enumerar los siguientes modelos de relaciones de riesgos:

❑ **Activo**: es un dispositivo, software, información o, más en general, cualquier recurso de valor empleado en una empresa u organización.

❑ **Amenaza**: es un evento que puede causar un incidente de seguridad en una empresa u organización causando pérdidas o daños potenciales en sus activos.

❑ **Vulnerabilidad**: es una debilidad que puede ser explotada mediante la ejecución de una o varias amenazas potenciales.

❑ **Riesgo**: es la probabilidad de ocurrencia de un evento que puede ocasionar un daño potencial a los servicios, recursos o sistemas de una empresa.

❑ **Análisis**: proceso de examen o descomposición de un todo, detallando cada uno de los elementos que lo conforman a fin de terminar la relación entre sus principios y elementos, causas y efectos, etc.

❑ **Control**: es un mecanismo de seguridad de prevención y corrección cuyo objeto es disminuir las vulnerabilidades.

La administración de los riesgos influye en la gestión de los recursos de la red.

Hay varias formas de medir el riesgo. La ISO/IEC 27001 establece la siguiente fórmula para evaluar el riesgo en:

RT= (Riesgo Total) = Probabilidad x Impacto Promedio

 *Con el estudio de este epígrafe hemos aprendido a:*

❑ Entender en profundidad los términos asociados al análisis de riesgos (amenaza, vulnerabilidad, impacto y contramedidas), estableciendo la relación existente entre ellos.

5. Metodologías cualitativas y cuantitativas de análisis de riesgos

5.1. Métodos cuantitativos

Se consideran métodos cuantitativos a aquellos que permiten asignar valores de ocurrencia a los diferentes riesgos identificados, es decir, que permiten calcular hasta un cierto nivel de confianza el grado de riesgo al que está sometido un sistema en virtud de sus vulnerabilidades.

Los métodos cuantitativos incluyen:

❑ Análisis de probabilidad.

❑ Análisis de consecuencias.

❑ Simulación computacional.

5.2. Metodos cualitativos

Los métodos cualitativos se caracterizan por no asignar un valor concreto a cada riesgo detectado. Se pueden utilizar cuando el nivel de riesgo sea bajo y no justifica el tiempo y los recursos necesarios para hacer un análisis completo. También porque los datos numéricos son inadecuados para un análisis más cuantitativo que sirva de base para un análisis posterior y más detallado del riesgo global del emprendedor.

Los métodos cualitativos incluyen:

❑ Lluvias de ideas o *brainstorming*.

❑ Cuestionario y entrevistas estructuradas.

❑ Evaluación para grupos multidisciplinarios.

❑ Juicio de especialistas y expertos (Técnica Delphi).

5.3. Metodos semi-cualitativos

Por último, también se emplean métodos semi-cualitativos en los que, sin llegar a establecer valores concretos asignados a cada riesgo, sí se utilizan escalas de valoración, por ejemplo, riesgo nulo, posible, probable o muy probable, o bien descripciones más detalladas de la probabilidad y la consecuencia.

Estas clasificaciones se muestran en relación con una escala apropiada para calcular el nivel de riesgo. El uso de escalas exige una interpretación homogénea por parte de todos los interesados a fin de evitar malos entendidos o malas interpretaciones sobre las valoraciones de riesgo realizadas.

6. Identificación de los activos involucrados en el análisis de riesgos y su valoración

La identificación y posterior cuantificación de los activos que deben contemplarse en un análisis de riesgos se realizará atendiendo al inventario de equipos, dispositivos, aplicaciones, etc., que posea la empresa.

Este inventario, por razones de mera funcionalidad, deberá estar en manos del responsable del área de sistemas, quien lo mantendrá debidamente actualizado.

 *El valor contable de los activos se podrá obtener del correspondiente balance financiero, debiendo figurar tales equipos en las masas de activos del balance.*

7. Identificación de las amenazas que pueden afectar a los activos identificados previamente

Los principales objetivos de la elaboración de un informe final son:

❑   Recogida de las vulnerabilidades detectadas.

❑   Asignación de prioridades de actuación en función de su probabilidad e impacto.

❑   Establecimiento de recomendaciones para su mitigación, reducción de probabilidad de ocurrencia o minimización de su impacto.

 *Las técnicas de identificación de amenazas se integran en lo que ha venido en llamarse **hacking ético**, como contraposición a aquel hacking destinado a modificar, extraer o eliminar información de un sistema previo alzamiento de sus medidas de seguridad.*

La realización de hacking ético requiere un profundo conocimiento técnico tanto de los dispositivos a analizar, como del sistema operativo y software instalados, en materia de vulnerabilidades inherentes a tales activos y de las amenazas que explotan tales debilidades.

Existen multitud de herramientas y metodologías de evaluación de riesgos, entre las que podemos destacar:

❏ **OSSTMM.** *Open Source Security Testing Methodology Manual.* Manual de código abierto de metodologías de test de seguridad.

❏ **ISAAF.** *Information System Security Assessment Framework.* Estructura de evaluación de la seguridad de un sistema.

Por otra parte, hay herramientas gratuitas que ofrecen listas de comprobación básicas de aspectos de seguridad disponibles en la propia web.

8. Análisis e identificación de las vulnerabilidades existentes en los sistemas de información que permitirían la materialización de amenazas, incluyendo el análisis local, análisis remoto de caja blanca y de caja negra

Hay dos grandes tipos de análisis de vulnerabilidades o de auditoría de seguridad. Por una parte, está **la auditoría de los propios sistemas de Información** de la empresa, y por otra **el test de intrusión,** que evalúa las posibilidades de acceso a sus activos desde el exterior.

La auditoría de los propios sistemas de información de la empresa se conoce como "**de caja blanca**", y tiene las siguientes características:

❏ Carácter interno.

❏ Realizada en las instalaciones de la propia empresa.

❑ Se parte de un esquema de red ya conocido.

❑ Se parte de información proporcionada por el cliente.

Como contraposición a la auditoría de los sistemas propios y como forma de completarla, se diseñó la auditoría externa, más conocida como "de caja negra" o test de intrusión, que presenta las siguientes características:

❑ Se realiza de forma remota, desde el exterior del sistema.

❑ En lugar de disponer de un mapa de red conocido, se parte de un rango de direcciones IP o de un dominio DNS que son los que usualmente intentan acceder al propio sistema.

❑ La información y los datos introducidos, alterados o extraídos es, a priori, desconocida.

Así por ejemplo, es probable que algún problema de configuración del propio sistema dificulte el acceso autorizado remoto en ciertas condiciones o que una defectuosa configuración del firewall cree vulnerabilidades imprevistas.

 *Sin embargo, en ocasiones es difícil establecer los límites entre las modalidades de caja blanca y caja negra, apareciendo notables zonas de "grises".*

9. Optimización del proceso de auditoría y contraste de vulnerabilidades e informe de auditoría

Una vez se han detectado las vulnerabilidades por parte del equipo auditor, se elaborará un informe previo que deberá ser compartido con el cliente de la auditoría, que puede ser una empresa externa o un departamento de la propia organización.

Esta validación interna tiene como objeto asegurar que las vulnerabilidades descubiertas son tales o bien se deben a circunstancias fácilmente solucionables en el propio proceso de auditoría, debiendo aparecer solamente mencionadas sin necesidad de indicar la apertura de una acción correctiva o la toma de medidas adicionales.

 *Un ejemplo puede ser que, existiendo una política de actualizaciones contrastada, se ha detectado que un parche de seguridad del sistema operativo de red no se ha instalado todavía y se verifica con el responsable de sistemas que dicho parche genera problemas de compatibilidad con un servicio concreto que debe correr en memoria, de modo que se ha decidido no instalar a la espera de una actualización que solvente el problema.*

De esta forma, nos aseguramos que el informe de auditoría se centra en las vulnerabilidades reales y no en aspectos que no son realmente relevantes.

10. Identificación de las medidas de salvaguarda existentes en el momento de la realización del análisis de riesgos y su efecto sobre las vulnerabilidades y amenazas

Durante el proceso de auditoría se prestará especial atención a los protocolos de seguridad existentes y a los procedimientos concretos de aplicación de tales medidas, debiendo registrarlos e identificarlos individualmente.

El objeto de la identificación es doble:

❑ Verificar el grado de cumplimiento de tales procesos y procedimientos.

❑ Evaluar el riesgo de las vulnerabilidades no solo en función de su existencia, sino también en función de los sistemas de prevención ya en funcionamiento.

 *Si una empresa tiene una política de actualización y gestión de contraseñas por parte de los usuarios de tal manera que las contraseñas tienen una caducidad de tres meses y no es posible repetir las anteriores y, a su vez, los trabajadores han sido aleccionados sobre la necesidad de no recoger en documento alguno sus contraseñas, si se identificara una anomalía al respecto, por ejemplo, un usuario con un "post-it" con sus contraseñas de acceso adheridos a la pantalla del ordenador, las medidas a tomar no serán las mismas si tales procedimientos no estuvieran aplicados.*

11. Establecimiento de los escenarios de riesgo entendidos como pares activo-amenaza susceptibles de materializarse

 *Se entiende el **escenario de riesgo** como la representación de la interacción de los diferentes factores de riesgo referida a cada activo perteneciente al sistema de seguridad en un momento cualquiera.*

El escenario de riesgos contempla para cada activo:

❑ Las amenazas existentes.

❑ Los factores de vulnerabilidad del activo asociados a cada amenaza.

❑ Las pérdidas de información, interrupción de servicio, etc., que pueden producirse en caso de materializarse la amenaza.

El escenario de riesgo se compone, por tanto, de:

❑ Un **mapa de riesgos** que recoge amenazas y vulnerabilidades.

❑ Las relaciones "causa-efecto" entre los elementos presentes en el mapa de riesgos.

❑ Relaciones entre los factores que generan el riesgo y los que intervienen en su solución o eliminación.

❑ Una matriz que relaciona el riesgo, sus factores generadores, amenazas y vulnerabilidades, y los factores que lo solventan.

Al conjunto de activo más amenaza se le conoce como **par activo-amenaza**.

A modo de ejemplo, adjuntamos un mapa de riesgos para un activo concreto, que forma parte de un sistema en fase de modelado de desarrollo.

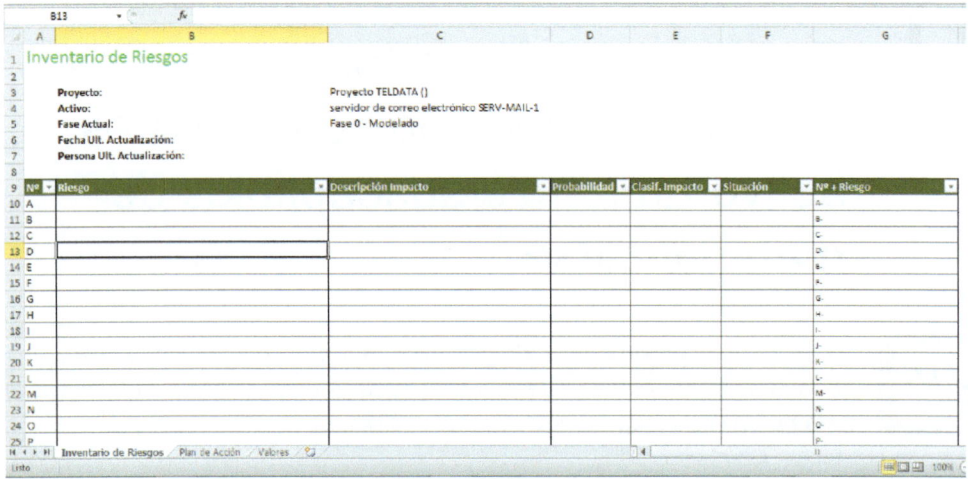

Mapa de riesgos.

12. Determinación de la probabilidad e impacto de materialización de los escenarios

La determinación de la probabilidad del riesgo es indispensable para lograr una correcta administración del riesgo. La administración del riesgo hace referencia a la gestión de los recursos de la organización. Existen diferentes tipos de riesgos como el riesgo residual y el riesgo total, así como también el tratamiento del riesgo y gestión/ evaluación del riesgo.

Para medir la probabilidad del impacto del riesgo en función del escenario se aplica la matriz indicada anteriormente:

RT (Riesgo Total) = Probabilidad x Impacto promedio

Siendo el riesgo total el punto máximo donde la amenaza se puede presentar igual a la probabilidad con que puede aparecer/suceder por el promedio de infección o propagación en el medio o programa informático/red.

En este punto del capítulo, nos parece conveniente recapitular las definiciones de todos los conceptos necesarios para gestionar los riesgos de un proyecto informático, a fin de poder relacionarlos entre sí, de forma que podamos crear el plan de riesgos más adecuado, dado que es totalmente necesario manejar con soltura tales conceptos.

Tras estas definiciones, que resumen de alguna manera lo visto hasta este momento en este capítulo, podemos profundizar en la probabilidad de que ocurra una amenaza y, por tanto, se dañe un activo.

 **Amenaza.** *Evento que puede desencadenar un incidente de seguridad, produciendo daños materiales o inmateriales de los activos.*

Riesgo. *Se considera riesgo la estimación del grado de exposición de un activo a que una amenaza actúe sobre él, causando daño a la organización. El riesgo indica, por tanto, lo que le podrían pasar a los activos si no se protegen adecua*

Vulnerabilidad. *Debilidades que presentan los activos o grupos de activos que pueden ser aprovechados por una amenaza. damente.*

Impacto. *Consecuencia de la materialización de una amenaza sobre un activo.*

Riesgo intrínseco. *Es la posibilidad de que se produzca una amenaza, con su correspondiente impacto, sobre un activo o conjunto de activos.*

Podemos reducir el riesgo intrínseco mediante la aplicación de diversas medidas de seguridad, conocidas como **salvaguardas**. Tales salvaguardas reducen la probabilidad de ocurrencia de una amenaza y, por tanto, la probabilidad de que se dañe un activo cualquiera.

13. Establecimiento del nivel de riesgo para los distintos pares de activo y amenaza

Existe la posibilidad de que fenómenos muy poco probables, pensemos en un accidente nuclear, por ejemplo, tengan un gran impacto en nuestra organización. Por otro lado, es posible que existan situaciones de una probabilidad relativamente alta que, a su vez, tengan un gran impacto. Estos son los que deberán orientar nuestras políticas de seguridad para cada activo.

Este análisis, conocido como **matriz de riesgo**, deberá realizarse de manera sistemática para cada par activo-amenaza.

Una matriz de riesgos para cada par activo-amenaza que relacione probabilidad e impacto, puede tener un aspecto como el mostrado a continuación.

Se puede observar el posicionamiento del riesgo (A, B, C,…) en la matriz en función del valor del impacto y la probabilidad que suponga dicho riesgo.

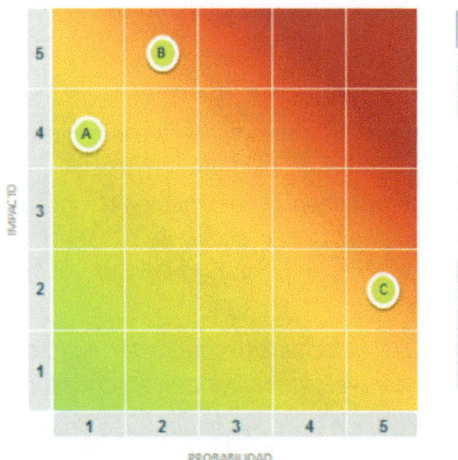

Mapa de riesgos para un par activo-amenaza concreto.

14. Determinación por parte de la organización de los criterios de evaluación del riesgo, en función de los cuales se determina si un riesgo es aceptable o no

Aquellos pares activo-amenaza que presenten una elevada probabilidad y alto impacto serán los que orientarán nuestra política de seguridad, considerando una relación coste/beneficio entre las medidas a tomar (salvaguardas) para su eliminación o reducción de probabilidad y el coste de su impacto.

Entenderemos que un riesgo no es aceptable si pone en riesgo no solo la información de la organización sino también si su capacidad operativa se ve seriamente mermada fruto de la imposibilidad de recuperar la información en el muy corto plazo (horas o días). En tal caso, estaría en juego la propia supervivencia de la organización, por lo que esta deberá tomar todas las medidas posibles para bien eliminar su probabilidad en lo posible, o bien retomar la actividad si ocurriese mediante la creación de un plan de recuperación de desastres.

Así por ejemplo, es común que las copias de seguridad de un servidor se alojen en lugares geográficos distintos de este para eliminar la posibilidad de pérdida de información definitiva en caso de desastre en el lugar donde este se aloja.

15. Relación de las distintas alternativas de gestión de riesgos

La clave a la hora de elegir una alternativa de entre todas las posibles medidas que eliminan o mitigan una amenaza, debiendo considerar todos los pares activo-amenaza que conforman el sistema de forma iterativa, estriba en escoger aquella que se considere más eficaz para reducir o, si es posible, eliminar la amenaza.

Aseguramiento del acceso a las instalaciones donde se alojan servidores que contienen datos de sensibilidad alta en el marco de la LOPDGDD.

Las medidas deberán ir encaminadas a evitar, en la medida de lo posible, el acceso de personal no autorizado a los servidores.

Para ello, deberemos implementar medidas que impidan el acceso, como:

❑ *Accesos seguros.*

❑ *Personal de seguridad que identifique a las personas que pretendan acceder.*

❑ *Sistemas de identificación, tarjetas de seguridad, biométricos, etc.*

❑ *Circuitos cerrados de TV que graben los movimientos de acceso a la instalación.*

❑ *Sistemas de alarma que alerten en tiempo real del acceso no autorizado a la zona que pretendemos asegurar.*

Las primeras medidas a implementar serán aquellas que impidan o cuanto menos dificulten el acceso a las zonas restringidas, dado que es preferible evitar el daño que grabarlo.

Así, a la hora de elegir medidas en caso de no disponer de presupuesto suficiente, algo frecuente por otra parte, las alternativas escogidas serán aquellas que dificulten o impidan el acceso antes que aquellas que se remitan a registrarlo.

16. Guía para la elaboración del plan de gestión de riesgos

Una vez identificados y analizados los riesgos del proyecto, será necesario realizar un **plan de gestión de riesgos,** que incluirá las acciones preventivas y correctivas para cada riesgo para eliminar o mitigar las consecuencias negativas del mismo.

Este plan debe ser revisado y aprobado por el personal pertinente, identificándose los responsables de las acciones preventivas y correctivas en cada caso.

El plan de gestión de riesgos deberá ser actualizado cada vez que se produzca alguna variación significativa sobre cualquiera de las previsiones que en él se indican (fechas, actividades, recursos, organización, documentación, etc.).

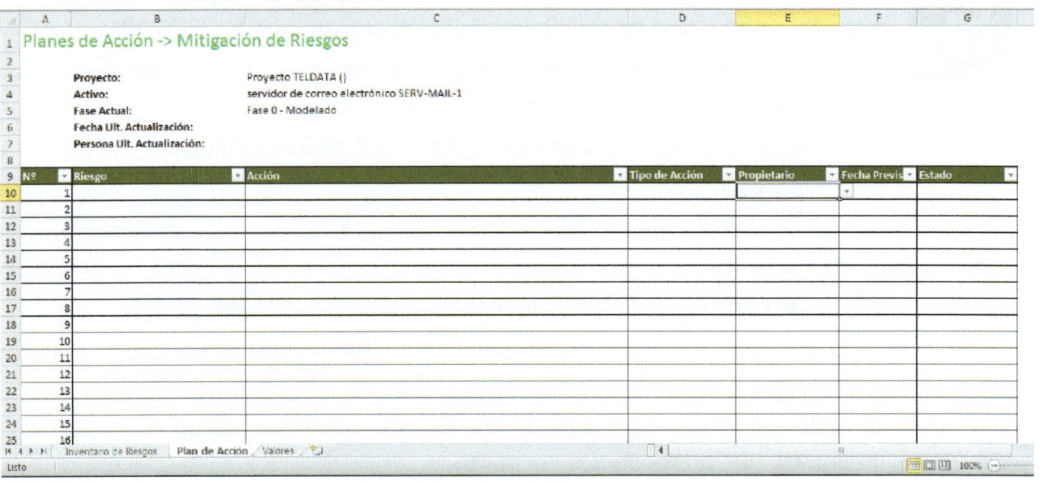

Modelo de Plan de Gestión de riesgos.

17. Exposición de la metodología NIST SP 800-30

 *El objeto de la metodología SP 800-30 es establecer unas buenas prácticas orientadas a la seguridad de la información.*

La metodología SP 800-30 fue publicada el mes de julio de 2002 en los Estados Unidos por la agencia NIST *(National Institute of Standards and Technology* o Instituto Nacional de Estándares Tecnología) perteneciente al Departamento de Comercio del Gobierno de los Estados Unidos.

La metodología está compuesta por una serie de documentos, que incluyen desde procesos para el análisis y gestión de riesgos de seguridad de la información, hasta una serie de recomendaciones concretas, tanto para el control de la seguridad como para la implantación de la propia metodología.

La Metodología NIST SP 800-30 está compuesta por 9 pasos básicos para el análisis de riesgo:

❑　Caracterización del sistema.

❑　Identificación de amenaza.

❑　Identificación de vulnerabilidades.

❑　Control de análisis.

❑　Determinación del riesgo.

❑　Análisis de impacto.

❑　Determinación del riesgo.

❑　Recomendaciones de control.

❑　Resultado de la implementación o documentación.

El proceso de análisis de riesgos definido en la metodología NIST SP 800-30 puede resumirse en el siguiente gráfico [NIST800-30.02]:

Entradas	Actividades	Salidas

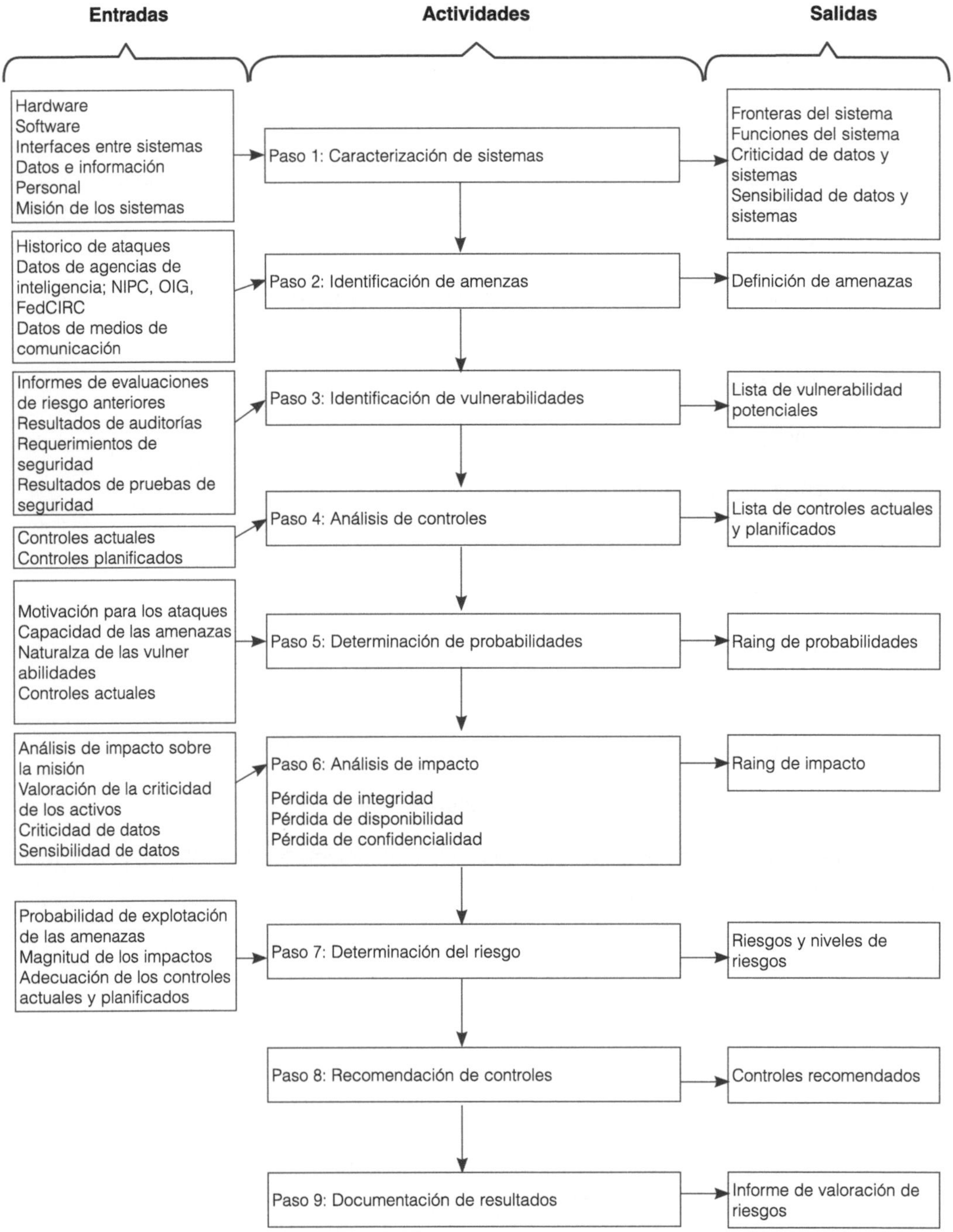

Hardware
Software
Interfaces entre sistemas
Datos e información
Personal
Misión de los sistemas

Paso 1: Caracterización de sistemas

Fronteras del sistema
Funciones del sistema
Criticidad de datos y sistemas
Sensibilidad de datos y sistemas

Historico de ataques
Datos de agencias de inteligencia; NIPC, OIG, FedCIRC
Datos de medios de comunicación

Paso 2: Identificación de amenzas

Definición de amenazas

Informes de evaluaciones de riesgo anteriores
Resultados de auditorías
Requerimientos de seguridad
Resultados de pruebas de seguridad

Paso 3: Identificación de vulnerabilidades

Lista de vulnerabilidad potenciales

Controles actuales
Controles planificados

Paso 4: Análisis de controles

Lista de controles actuales y planificados

Motivación para los ataques
Capacidad de las amenazas
Naturalza de las vulner abilidades
Controles actuales

Paso 5: Determinación de probabilidades

Raing de probabilidades

Análisis de impacto sobre la misión
Valoración de la criticidad de los activos
Criticidad de datos
Sensibilidad de datos

Paso 6: Análisis de impacto

Pérdida de integridad
Pérdida de disponibilidad
Pérdida de confidencialidad

Raing de impacto

Probabilidad de explotación de las amenazas
Magnitud de los impactos
Adecuación de los controles actuales y planificados

Paso 7: Determinación del riesgo

Riesgos y niveles de riesgos

Paso 8: Recomendación de controles

Controles recomendados

Paso 9: Documentación de resultados

Informe de valoración de riesgos

Metodología NIST SP 800-30.02.

A su vez, el proceso de gestión de riesgos definido en la metodología NIST SP 800-30 se recoge en el gráfico siguiente:

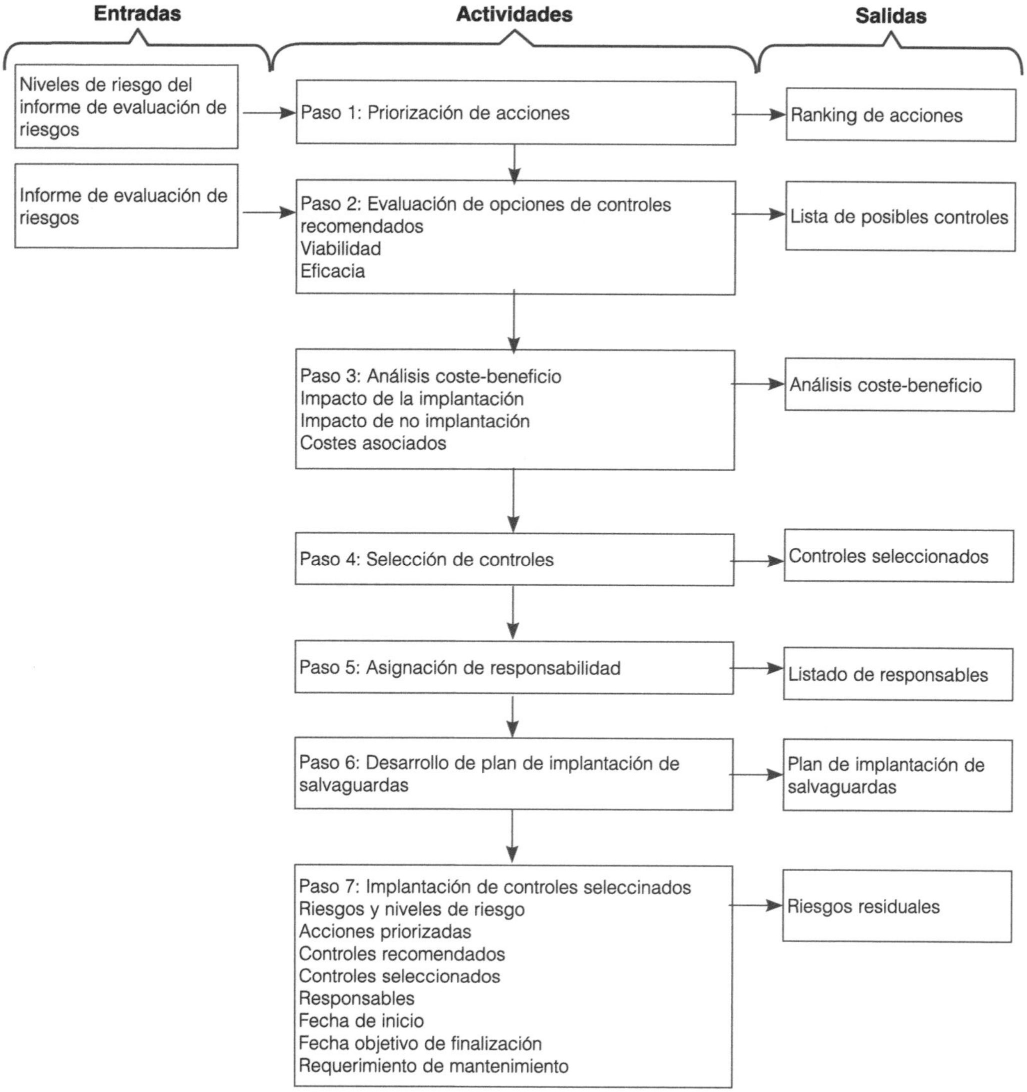

Entradas　　　　　　　　**Actividades**　　　　　　　　**Salidas**

Entradas	Actividades	Salidas
Niveles de riesgo del informe de evaluación de riesgos	Paso 1: Priorización de acciones	Ranking de acciones
Informe de evaluación de riesgos	Paso 2: Evaluación de opciones de controles recomendados Viabilidad Eficacia	Lista de posibles controles
	Paso 3: Análisis coste-beneficio Impacto de la implantación Impacto de no implantación Costes asociados	Análisis coste-beneficio
	Paso 4: Selección de controles	Controles seleccionados
	Paso 5: Asignación de responsabilidad	Listado de responsables
	Paso 6: Desarrollo de plan de implantación de salvaguardas	Plan de implantación de salvaguardas
	Paso 7: Implantación de controles seleccinados Riesgos y niveles de riesgo Acciones priorizadas Controles recomendados Controles seleccionados Responsables Fecha de inicio Fecha objetivo de finalización Requerimiento de mantenimiento	Riesgos residuales

Proceso de gestión de riesgos en NIST SP 800.30.02.

18. Exposición de la metodología Magerit versión 2

 **MAGERIT** *es una metodología de análisis y gestión de riesgos en sistemas informáticos desarrollada por el Gobierno de España bastante utilizada tanto en España, en especial en las Administraciones Públicas, como en Latinoamérica. Su nombre es el acrónimo de* **Metodología de Análisis y Gestión de Riesgos IT.**

MAGERIT persigue los siguientes objetivos:

❑ **Directos:**

♦ Concienciar a los responsables de las organizaciones de información de la existencia de riesgos y de la necesidad de gestionarlos.

♦ Ofrecer un método sistemático para analizar los riesgos derivados del uso de tecnologías de la información y comunicaciones (TIC).

♦ Ayudar a descubrir y planificar el tratamiento oportuno para mantener los riesgos bajo control.

❑ **Indirectos:**

♦ Preparar a la Organización para procesos de evaluación, auditoría, certificación o acreditación, según corresponda en cada caso.

La metodología **MAGERIT** se presenta en dos libros y una guía de técnicas:

❑ **Libro I – Método**. Este libro se estructura de la siguiente forma:

♦ El capítulo 2 presenta los conceptos informalmente. En particular se enmarcan las actividades de análisis y tratamiento dentro de un proceso integral de gestión de riesgos.

♦ El capítulo 3 concreta los pasos y formaliza las actividades de análisis de los riesgos.

♦ El capítulo 4 describe opciones y criterios de tratamiento de los riesgos y formaliza las actividades de gestión de riesgos.

♦ El capítulo 5 se centra en los proyectos de análisis de riesgos, proyectos que estudiamos para realizar el primer análisis de riesgos de un sistema y eventualmente cuando hay cambios sustanciales y hay que rehacer el modelo ampliamente.

♦ El capítulo 6 formaliza las actividades de los planes de seguridad, a veces denominados planes directores o planes estratégicos.

♦ El capítulo 7 se centra en el desarrollo de sistemas de información y cómo el análisis de riesgos sirve para gestionar la seguridad del producto final desde su concepción inicial hasta su puesta en producción, así como a la protección del propio proceso de desarrollo.

♦ El capítulo 8 se anticipa a algunos problemas que aparecen recurrentemente cuando se realizan análisis de riesgos.

❑ **Libro II – Catálogo de elementos**. Este libro propone un catálogo, abierto a ampliaciones, que marca unas pautas en cuanto a:

♦ Tipos de activos.

♦ Dimensiones de valoración de los activos.

♦ Criterios de valoración de los activos.

♦ Amenazas típicas sobre los sistemas de información.

♦ Salvaguardas a considerar para proteger sistemas de información.

❑ **Guía de Técnicas** – Recopilación de técnicas de diferente tipo que pueden ser de utilidad para la aplicación del método.

Por último, se incluyen unos apéndices que recogen material de consulta:

❑ Un glosario de términos.

❑ Referencias bibliográficas consideradas para el desarrollo de esta metodología.

❑ Referencias al marco legal que encuadra las tareas de análisis y gestión en la Administración Pública Española.

❑ El marco normativo de evaluación y certificación.

❏ Las características que se requieren de las herramientas, presentes o futuras, para soportar el proceso de análisis y gestión de riesgos.

❏ Una guía comparativa de cómo Magerit versión 1 ha evolucionado a la versión 2 y a la 3, actualmente vigente.

Se adjunta breve esquema del abordaje de la gestión de riesgos que propone la metodología **MAGERIT**.

 *Puedes consultar más información sobre MAGERIT versión 3 en el siguiente enlace:*
https://pilar.ccn-cert.cni.es/docman/documentos/1-magerit-v3-libro-i-metodo/file

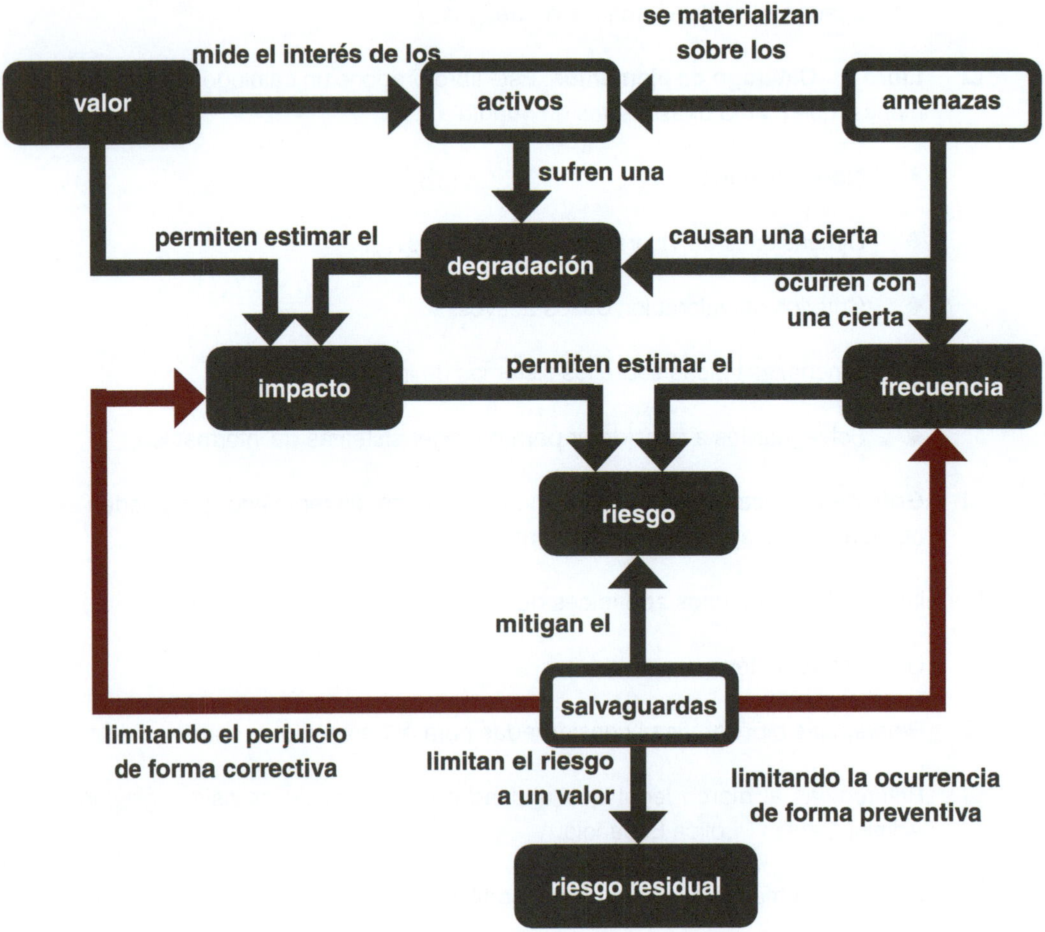

Gestión de riesgos propuesta por MAGERIT.

 *Con el estudio de este epígrafe hemos aprendido a:*

❑ *Conocer alguna de las metodologías más utilizadas en materia de planificación de riesgos.*

 *Acude a los Contenidos Extra para consultar el Resumen y realizar la Autoevaluación de esta unidad.*

Uso de herramientas para la auditoría de sistemas

Objetivos

- ▣ Comprender el funcionamiento de comandos y herramientas para la supervisión y auditoría de redes.

- ▣ Identificar analizadores de protocolos para comprender el tráfico de una red. La finalidad es buscar los posibles ataques de red.

- ▣ Aprender cómo funciona el sistema de ataques a redes por fuerza bruta o por combinación múltiple de caracteres alfanuméricos.

Contenido

Introducción

1. **Herramientas del sistema operativo tipo Ping, Traceroute, etc.**

    1.1. Packet Internet Gopher

    1.2. Traceroute

2. **Herramientas de análisis de red, puertos y servicios tipo Nmap, Netcat, NBTScan, etc.**

    2.1. Nmap

    2.2. Netcat

    2.3. NBTScan

3. **Herramientas de análisis de vulnerabilidades tipo Nessus**

4. **Analizadores de protocolos tipo WireShark, DSniff, Cain& Abel, etc.**

5. **Analizadores de páginas web tipo Acunetix, Dirb, Paros Proxy, etc.**

6. **Ataques de diccionario y fuerza bruta tipo Brutus, John theRipper, etc.**

 *Acude a los Contenidos Extra para ver el mapa conceptual de esta Unidad Didáctica, objeto de estudio fundamental para situarte según avances en los contenidos.*

Introducción

El análisis de vulnerabilidades abarca toda una gama de riesgos potenciales cuya amplitud depende directamente de la complejidad del sistema de información que estemos considerando en cada caso.

Así, el conocimiento, no solo de las vulnerabilidades y sus orígenes de carácter técnico, sino también de las herramientas adecuadas para su mitigación y control, es fundamental para mantener la seguridad de un sistema tanto en el corto como en el largo plazo.

En esta Unidad Didáctica conoceremos algunas de las principales herramientas que, utilizadas de forma conjunta, nos permiten gestionar con garantías la seguridad del sistema.

1. Herramientas del sistema operativo tipo Ping, Traceroute, etc.

En este epígrafe se identifican algunas de las herramientas que nos ofrece el sistema operativo para analizar el estado y las respuestas de cualquier red o sistema.

1.1. Packet Internet Gopher

La herramienta más conocida y utilizada en cualquier análisis de estado de un sistema informático cualquiera.

Ping" (abreviatura *Packet Internet Gopher)* es, también, una de más simples, pues todo lo que hace es enviar paquetes de información para verificar si una máquina remota, o **host**, está respondiendo y, por ende, si es accesible a través de la red.

La herramienta **Ping** permite de esta manera diagnosticar la conectividad a la red mediante comandos del tipo:

```
pingnombre.del.equipo.
```

Donde "***nombre_del_equipo***" puede ser la dirección IP de la máquina, o directamente su nombre en el dominio o su URL si es una dirección web. Si se detecta algún problema de comunicación en la red, se recomienda hacer una prueba usando la dirección IP de la máquina que presenta problemas como primera medida de análisis, dada su sencillez y eficacia.

*Ping depende del protocolo **ICMP**, el cual permite diagnosticar las condiciones de transmisión.*

1.1.1. Funcionamiento de ping

Ping depende del protocolo **ICMP**, el cual permite diagnosticar las condiciones de transmisión. Utiliza dos tipos de mensajes de protocolo (de los 18 que ofrece ICMP):

❑ El tipo 0, corresponde a un comando "solicitud de eco" enviado por la máquina fuente.

❑ El tipo 8, corresponde a un comando "solicitud de eco" enviado por la máquina destino.

A intervalos regulares (predeterminados por segundo), la máquina fuente (la que ejecuta el comando *ping*) envía una "solicitud de eco" a la máquina destino. Cuando se recibe el paquete *"respuesta de eco"*, la máquina fuente muestra una línea que contiene cierta información. En caso de no recibir una respuesta, aparecerá una línea indicando que "el tiempo de espera de la solicitud ha finalizado".

1.1.2. Resultados de un comando ping

Los resultados de la ejecución de un comando ping dependerán del sistema operativo.

He aquí el resultado de un comando de este tipo dentro de un **sistema GNU/Linux**:

---

pingcommentcamarche.net

PING www.commentcamarche.net (163.5.255.85): 56 data bytes

64	bytes	from	163.5.255.85:	icmp_seq=0	ttl=56	time=7.7	ms
64	bytes	from	163.5.255.85:	icmp_seq=1	ttl=56	time=6.7	ms
64	bytes	from	163.5.255.85:	icmp_seq=2	ttl=56	time=5.5	ms
64	bytes	from	163.5.255.85:	icmp_seq=3	ttl=56	time=6.7	ms
64	bytes	from	163.5.255.85:	icmp_seq=4	ttl=56	time=5.3	ms
64	bytes	from	163.5.255.85:	icmp_seq=5	ttl=56	time=5.6	ms
64	bytes	from	163.5.255.85:	icmp_seq=6	ttl=56	time=7.7	ms
64	bytes	from	163.5.255.85:	icmp_seq=0	ttl=56	time=6.7	ms

--- es.kioskea.net ping statistics ---

8 packets transmitted, 8 packets received, 0% packet loss
round-trip min/avg/max = 5.3/6.1/7.7 ms.

Por otro lado, estos son los resultados de la ejecución del comando ping en un sistema operativo Windows:

Pinging commentcamarche.net [163.5.255.85] with 32 bytes of data:

Reply	from	163.5.255.85:	bytes=32	time=34	ms	TTL=54
Reply	from	163.5.255.85:	bytes=32	time=37	ms	TTL=54
Reply	from	163.5.255.85:	bytes=32	time=34	ms	TTL=54
Reply	from	163.5.255.85:	bytes=33	time=34	ms	TTL=54

Ping statistics for 163.5.255.85:

Packets: sent = 4, received = 4, lost = 0 (loss 0%),

Approximate round trip times in milli-seconds:

Minimum = 32ms, Maximum = 37ms, Average = 34ms

En resumen, la salida del comando *ping* permite conocer:

❑ La **dirección IP** que corresponde al nombre de la máquina remota.

❑ El **número de secuencia** ICMP.

❑ La **vida útil** del paquete (***TTL***). El campo de vida útil (TTL – Time To Live) permite conocer la cantidad de routers por los que pasó el paquete mientras viajó de una máquina a otra. Cada paquete IP posee un campo TTL con un valor relativamente alto. Cada vez que pasa por un router, se reduce el valor. Si alguna vez este número es cero, el router interpretará que el paquete está viajando en círculos, por lo tanto, finaliza el proceso.

❑ El campo de **demora de vueltas** corresponde al lapso de tiempo en milisegundos que se necesita para dar una vuelta entre las máquinas fuente y destino. Como regla general, la demora de un paquete no debe ser mayor a 200 ms.

❑ La **cantidad de paquetes perdidos**.

Ping y **Traceroute** *son dos de los comandos más utilizados para analizar la calidad de la transmisión de red.*

1.2. Traceroute

Otro comando útil a la hora de analizar la calidad de la transmisión de paquetes en una red es **traceroute** o **trazador de rutas**.

Traceroute es una herramienta de diagnóstico de redes que, por su utilidad, se encuentra presente en la mayoría de los sistemas operativos. Permite establecer con precisión la ruta seguida por un paquete para llegar a la máquina de destino.

Por tanto, se puede emplear para obtener un mapa con la situación de los routers que se encontraron entre la máquina fuente y la máquina destino.

Su sintaxis difiere en función del sistema operativo.

En los sistemas UNIX/Linux, su sintaxis es la siguiente:

```
traceroutenombre.del.equipo
```

Por el contrario, en los sistemas operativos Windows, el comando traceroute se ejecuta mediante la siguiente expresión:

```
tracertnombre.del.equipo
```

Cabe destacar que ambos comandos se ejecutan en la línea de comandos de cada sistema operativo.

1.2.1. Resultado de traceroute

El resultado de un **traceroute** describe los nombres y las direcciones IP de la cadena de routers precedidos con un número secuencial y un tiempo de respuesta mínimo, promedio y máximo.

Veamos la siguiente figura que demuestra la ruta que realiza el paquete para llegar al dominio admas.com:

```
                    C:\Windows\System32\cmd.exe                 -  □   ×
Traza a la dirección admas.com [211.106.65.111]
sobre un máximo de 30 saltos:

  1    47 ms     46 ms     49 ms   143.Red-80-58-67.staticIP.rima-tde.net [80.58.67
.143]
  2    47 ms     76 ms     49 ms   33.Red-80-58-76.staticIP.rima-tde.net [80.58.76.
33]
  3    49 ms     46 ms     51 ms   69.Red-80-58-72.staticIP.rima-tde.net [80.58.72.
69]
  4    49 ms     49 ms     48 ms   So-5-0-0-0-grtmadpe3.red.telefonica-wholesale.ne
t [84.16.9.161]
  5    82 ms     81 ms     73 ms   Xe9-2-0-0-grtlontc1.red.telefonica-wholesale.net
 [213.140.37.194]
  6   152 ms    144 ms    142 ms   Xe4-0-4-0-grtnycpt3.red.telefonica-wholesale.net
 [94.142.119.189]
  7   223 ms    212 ms    215 ms   Xe9-3-0-0-grtpaopx2.red.telefonica-wholesale.net
 [94.142.118.186]
  8   218 ms    223 ms    230 ms   121.189.2.129
  9   346 ms    345 ms    344 ms   112.174.87.105
 10   367 ms    366 ms    342 ms   112.174.84.73
 11   348 ms    338 ms    346 ms   112.174.48.45
 12   344 ms    354 ms    347 ms   112.174.67.162
 13   334 ms    335 ms    337 ms   112.188.254.38
 14     *         *         *      Tiempo de espera agotado para esta solicitud.
 15     *         *         *      Tiempo de espera agotado para esta solicitud.
 16   ^C
C:\Windows\system32>
```

Tracert

1.2.2. Funcionamiento de Traceroute

Traceroute se beneficia del contenido del campo TTL de los paquetes IP. Cada paquete IP se reduce cada vez que pasa por un router. Cuando este campo llega a cero, el router determina que el paquete estuvo viajando en círculos, finaliza este paquete y envía una notificación ICMP al remitente.

Por esta razón, **traceroute** envía paquetes a un puerto UDP sin privilegios, el cual se cree que no está en uso (puerto 33434 como valor predeterminado), con un TTL configurado en 1. El primer router encontrado eliminará el paquete y enviará un paquete ICMP que incluye la dirección IP del router y la demora del bucle. Luego, el traceroute aumenta el campo TTL de a 1 por vez para obtener una respuesta de cada router en la ruta, hasta que obtiene la respuesta *"**puerto ICMP inalcanzable**"* de la máquina destino.

Sintaxis y opciones del comando Tracert en Windows.

Tracert[*-d*][*-h saltos máximos*][*-j lista_de_hosts*][*-w tiempo_de_espera*]*nombre_destino*
Opciones:

❑ *d: no convierte direcciones en nombres de hosts.*

❑ *h: número de saltos máximos. Máxima cantidad de saltos en la búsqueda del objetivo.*

❑ *j: lista-de-host. Enrutamiento relajado de origen a lo largo de la lista de hosts.*

❑ *w: tiempo de espera. Total de milisegundos entre intentos.*

---

2. Herramientas de análisis de red, puertos y servicios tipo Nmap, Netcat, NBTScan, etc.

En el ámbito de herramientas de análisis y escaneo de redes, puertos y servicios activos, vamos a revisar algunas herramientas sumamente útiles, como Nmap, NetScan y NBTScan.

2.1. Nmap

Nmap es una herramienta diseñada para la exploración de redes ampliamente utilizada en la realización de auditorías de seguridad.

Esta herramienta rastrea los puertos de la máquina o máquinas auditadas y establece si un puerto está abierto, cerrado o protegido por un cortafuegos.

 *Nmap es capaz de identificar máquinas dentro de una red, determinar qué servicios utiliza dicha máquina, definir cuál es su sistema operativo e incluso devolver cierta información sobre el hardware de la máquina.*

2.1.1. Funcionamiento de Nmap

Nmap cumple su cometido de dos formas principales: **enviando paquetes** o **realizando una llamada de conexión —connectSystemcall—**. En ambos casos, una vez conectado con la máquina de destino, Nmap es capaz de distinguir entre seis estados diferentes para cada puerto:

☐ *Abierto (open):* quiere decir que hay una aplicación aceptando conexiones TCP, **datagramas** UDP o asociaciones **SCTP** en el puerto.

☐ *Cerrado (closed):* el puerto es accesible pero no existe ninguna aplicación escuchando en él.

☐ *Filtrado (filtered):* el paquete que se ha enviado ha sido filtrado por un firewall, reglas del router, etc. y Nmap no puede determinar si está abierto o no.

☐ *Sin filtrar (unfiltered):* quiere decir que el puerto es accesible, pero Nmap no es capaz de determinar si está abierto o cerrado. Este estado solo lo devuelve el tipo de escaneo ACK (lo veremos más adelante).

☐ *open|filtered – closed|filtered:* Nmap no es capaz de definir si el puerto está abierto/cerrado o filtrado. Ocurre cuando los puertos abiertos no generan una respuesta.

Una sintaxis general simplificada de la orden sería:

```
user@machine:~$nmap(opciones_escaneo) (máquina_a_escanear)
```

Dependiendo del tipo de análisis a realizar, se requerirán privilegios de "superusuario" en Linux o de administrador en equipos bajo sistema operativo Windows.

2.1.2. Tipos de análisis

Existen trece tipos de análisis o escaneo, de los cuales el más utilizado es el **Escaneo TCP SYN**. Es el más rápido y discreto, ya que no llega a completar una conexión TCP. Su funcionamiento consiste en enviar un paquete SYN y esperar una respuesta por parte del servidor: si se recibe un SYN/ACK el puerto está abierto (si lo recibe sin el flag ACK también lo considera así), si se recibe un RST (reset) está cerrado y si no se recibe respuesta tras varios intentos se considera filtrado.

Comando:

```
root@machine:~#nmap -ss. (máquina)
```

*Para ampliar conocimientos sobre esta útil herramienta, sugerimos que visites la página web **http://nmap.org/book/man.html#man-description** donde encontrará opciones prácticamente infinitas para monitorizar cualquier tipo de dispositivos conectados a una red.*

2.2. Netcat

Otra herramienta muy popular en la gestión y análisis de redes es **Netcat** o **nc**, conocida también como "la navaja suiza de los hackers", ya que tiene muchas funcionalidades.

Entre otras, puede abrir conexiones **TCP**, enviar paquetes **UDP**, escuchar peticiones sobre puertos arbitrarios tanto **TCP** como **UDP**, supervisar puertos abiertos y otras funciones más, tanto para **IPv4** como **IPv6.**

Para ver su potencial, incluimos algunos ejemplos de uso común para el sistema operativo Red Hat™ Enterprise Linux.

Para instalar **Netcat**, debemos ejecutar el siguiente comando:

```
Yum -yinstallnc
```

Por otra parte, el manual completo del mandato **nc** puede consultarse ejecutando el comando.

```
Man 1 nc
```

2.2.1. Realización de conexiones simples con Netcat

Para iniciar una conexión hacia cualquier puerto del sistema, se utiliza el mandato **nc** seguido de una dirección **IP** y un puerto al cual conectarse. En el siguiente ejemplo se realizará una conexión hacia el puerto 25 (**SMTP**) de **127.0.0.1**:

```
Nc 127 0.0.1.25
```

Si hay un servidor de correo funcionando, la conexión puede devolver una salida similar a la siguiente, debiendo escribir *quit* y pulsar la tecla ENTER para cerrar la conexión:

```
220 localhost.localdomainESMTP ; Wed, 28 May 2008 10:24:52 -0500
quit
221 2.0.0 localhost.localdomain closing connection
```

2.2.2. Revisión de puertos

Para revisar los puertos abiertos, se utiliza el mandato **nc** con la opción **-z** que intenta "escuchar" por puertos abiertos y un puerto o rango de puertos. En el siguiente ejemplo, se pide al mandato **nc** revisar qué puertos **TCP** (modo predeterminado) están abiertos dentro del rango que va del puerto 21 al puerto 25.

```
Nc - vz 127 .0.0.1 21-25
```

Este mandato puede devolver una salida similar a la siguiente, si se encontrasen abiertos los puertos 21, 22 y 25.

```
Connection to 127.0.0.1 21 port [tcp/ftp] succeeded!
Connection to 127.0.0.1 22 port [tcp/ssh] succeeded!
Connection to 127.0.0.1 25 port [tcp/smtp] succeeded!
```

De manera opcional, se pueden revisar si están abiertos los puertos UDP añadiendo la opción **-u**. En el siguiente ejemplo se solicita al mandato **nc** revisar qué puertos **UDP** se encuentran abiertos entre el rango comprendido entre los puertos 21 al 80.

```
Nc —zu 127 .0.0.1. 21—80
```

Lo anterior puede devolver una salida similar a la siguiente, donde se asume que se encuentran abiertos los puertos **UDP** 53, 67 y 68.

```
Connection to 127.0.0.1 53 port [udp/domain] succeeded!
Connection to 127.0.0.1 67 port [udp/bootps] succeeded!
Connection to 127.0.0.1 68 port [udp/bootpc] succeeded!
```

Si se quiere obtener una salida con más información, se ejecutará el comando **nc** con las opciones **-vz** y la dirección **IP**, si se quiere revisar puertos **TCP** abiertos, o bien **nc -vzu** para puertos **UDP** abiertos, donde la opción **-v** indica que se devuelva una salida **más descriptiva**.

En el siguiente ejemplo se pide al mandato **nc** revisar los puertos **TCP** abiertos entre el puerto 20 al 25.

```
nc —vz 127.0.0.1 20—25
```

Este mandato nos indicará qué puertos están cerrados en el rango especificado, tal y como se muestra a continuación:

```
Nc: connect to 127.0.0.1 port 20 (tcp) failed: Connection refused
Connection to 127.0.0.1 21 port [tcp/ftp] succeeded!
Connection to 127.0.0.1 22 port [tcp/ssh] succeeded!
nc: connect to 127.0.0.1 port 23 (tcp) failed: Connection refused
nc: connect to 127.0.0.1 port 24 (tcp) failed: Connection refused
Connection to 127.0.0.1 25 port [tcp/smtp] succeeded!
```

2.2.3. Creación de un modelo cliente servidor con Netcat

Desde una terminal que será utilizada para iniciar un modelo de servidor, se utiliza el mandato **nc** con la opción **-l** (listen o escuchar) seguida de un número de puerto que esté desocupado.

En el siguiente ejemplo se hará que el mandato **nc** funcione como servidor escuchando peticiones en el puerto **22222**.

```
Nc —l 22222
```

Para establecer la conexión como cliente, desde otra terminal se inicia el mandato **nc** especificando como argumentos una dirección IP y el número de puerto al que se quiera conectar. En el siguiente ejemplo se realiza la conexión al puerto **22222** de **127.0.0.1** (anfitrión local):

```
Nc 127 .0.0.1 22222
```

Tras la ejecución de tales comandos, todo lo que se escriba desde la terminal como cliente podrá ser visto en la terminal como servidor.

2.2.4. Transferencia de datos con Netcat

Siguiendo el ejemplo anterior, será posible realizar transferencia de datos desde una terminal como cliente hacia una terminal como servidor.

La única diferencia es que en el servidor se cambia el direccionamiento de la salida estándar (STDOUT) de la terminal, hacia un archivo, como se ejemplifica a continuación:

```
Nc -l 22222 > salida
```

En el cliente se realiza algo similar. En lugar de ingresar datos desde la conexión. Se hace a partir de un archivo con contenido de la siguiente forma:

```
Nc 127 .0.0.1 22222 <entrada
```

En el ejemplo descrito se realiza la transferencia de datos del archivo **entrada**, desde el proceso como cliente, hacia el archivo **salida**, en el proceso como servidor.

 *Visita la página web* **http://nmap.org/ncat/** *para ver todas las opciones de esta herramienta.*

2.3. NBTScan

NBTScan es un programa que audita redes basadas en protocolo IP buscando nombres de servidores NETBIOS, como primer paso para detectar la compartición de recursos y puertos abiertos. Se basa en la funcionalidad de la herramienta estándar del sistema operativo Windows **nbtstat**, pero en lugar de una sola dirección IP, permite usar un rango de ellas.

 **NETBIOS:** *Capa / Estado de software que se utiliza para comunicar software con hardware.*

Por cada host detectado, nos indica su dirección IP, el nombre de equipo NetBIOS registrado, el nombre de usuario y su dirección MAC.

Entre otras, dispondremos de las siguientes opciones:

Uso:

```
nbtscan [opciones] target [destinos]
```

Los destinos del escaneo pueden ser:

❏ Una lista de direcciones IP.

❏ Nombres DNS.

❏ Rango de direcciones en notación /nbit ("192.168.12.0/24") o con rangos en el último octeto ("192.168.12.64-97").

❏ -V Indica la versión de Nbtstat.

❏ -f muestra toda la información disponible.

❏ -H genera cabeceras HTTP.

❏ -p enlaza con el Puerto UDP (por defecto el 0).

❏ -m incluye la dirección MAC (incluida en la opción '-f').

❏ -T Establece un plazo máximo – Timeout- para la respuesta en segundos (por defecto, es 2 segundos).

❏ -w Espera n milisegundos para cada escritura (por defecto, 10 ms).

❏ -t Intentos de acceso por cada dirección (por defecto, 1).

❏ -1 solamente utiliza el Winsock 1.

❏ -P genera los resultados en formato **perlhashref**.

No obstante, la sintaxis más común es:

Nbtscan x.x.x.0/255, dado que recorrerá todo el rango de la red.

Otro ejemplo usando la opción –f (full):

```
nbtscan -f 192.168.0.0/24
```

192.168.0.114 DOMINIO\VICTOR PINTO SHARING
VICTOR_PINTO<00> UNIQUE Workstation Service
VICTOR_PINTO<20> UNIQUE File Server Service
DOMINIO<00> GROUP Domain Name
DOMINIO<1e> GROUP Browser Service Elections
DOMINIO<1d> UNIQUE Master Browser
..__MSBROWSE__.<01> GROUP Master Browser
00:19:d2:0c:cd:26 ETHER victor_pinto

Con el estudio de este epígrafe hemos aprendido a:

❏ *Comprender el funcionamiento de comandos y herramientas para la super-visión y auditoría de redes*

3. Herramientas de análisis de vulnerabilidades tipo Nessus

El uso de herramientas de análisis de redes es necesario, pero no suficiente, si lo que queremos es aumentar la seguridad de nuestro sistema.

Existen otras herramientas que nos permiten analizar vulnerabilidades. Nos informan en tiempo real de las debilidades de nuestro sistema. En la actualidad, **Nessus** es uno de los scanners de vulnerabilidades más utilizados en el mundo, por su bajo coste y porque ofrece gran cantidad de información que es capaz de obtener de los sistemas que audita.

Originalmente fue desarrollado para funcionar únicamente sobre plataformas Unix, pero con el tiempo se abrió paso a la posibilidad de funcionar con la misma eficacia sobre sistemas Windows.

Nessus trabaja en modo cliente-servidor. El servidor realiza las auditorías y el cliente es la interfaz a través de la cual Nessus recibe las indicaciones correspondientes: rango de direcciones IP o dominio de la máquina a escanear, tipo de auditoría, formato elegido del informe, etc.

• Configuración de la auditoría

Una de las principales fortalezas de Nessus es que el usuario puede realizar distintos tipos de auditoría, entre los que destacan:

❑ Análisis de configuración de servidores UNIX, Windows y Mac OS X.

❑ Análisis de aplicaciones y bases de datos para probar la configuración de políticas específicas.

Adicionalmente, la configuración de políticas de auditoría soportadas incluyen recomendaciones y buenas prácticas de, entre otras instituciones está el CERT.

Entre las auditorías disponibles, también se incluyen políticas de usuario de Windows, permisos de archivos, permisos de registro, permisos de servicios, políticas de seguridad específicas, como Kerberos y políticas de eventos. Las pruebas en sistemas operativos Windows también pueden incluir consultas WMI personalizadas y escaneo para los ordenadores que han sido infectados con virus y malware.

Para los sistemas UNIX se pueden auditar las políticas de usuarios, permisos de archivos, procesos en ejecución y el control de contenido de archivos. Las auditorías de SQL pueden detectar una amplia variedad de vulnerabilidades, entre las cuales destaca la habilitación o no de los distintos procedimientos almacenados.

Con NESSUS podemos realizar:

❑ *El descubrimiento de vulnerabilidades de alta velocidad, para determinar qué hosts están ejecutando los servicios.*

❑ *Auditoría sin agente, para asegurarse de que en ninguna máquina de la red se encuentra parches de seguridad.*

❑ *Controles de cumplimiento, para comprobar y demostrar que todos los host de la red se adhieren a la política de seguridad que ha definido.*

❑ *Programación de análisis, que se ejecute automáticamente y escanea la frecuencia que seleccione.*

No obstante, cabe destacar que esta aplicación es de pago.

Por último, todos los informes de las auditorías son configurables, pudiendo obtenerse en los formatos más estándares del mercado, como pdf, xml, etc.

4. Analizadores de protocolos tipo WireShark, DSniff, Cain& Abel, etc.

*Un **analizador de protocolos** es una herramienta que sirve para desarrollar y depurar protocolos y aplicaciones de red.*

Permite capturar tramas de red para analizarlas, ya sea en tiempo real o tras su captura, de modo que puede reconocer el protocolo concreto (TCP, ICMP...) al que pertenece la trama y muestra al usuario la información decodificada.

Los principales usos de los analizadores de protocolos son los siguientes:

❑ Analizar y soportar demandas de nuevas aplicaciones (como VoIP).

❑ Mantener y mejorar la eficiencia de la red.

❑ Analizar redes remotas.

❑ Analizar y monitorear varias redes a la vez.

Otro uso de tales herramientas es el análisis de paquetes a fin de detectar contenidos que puedan suponer potenciales problemas de seguridad.

Algunas de las herramientas más conocidas son:

❑ **Wireshark**. Analizador de protocolos de software libre, disponible en los principales sistemas operativos, con gran potencia de filtrado e información contenida en los paquetes.

❑ **Dsniff**. Es una colección de herramientas para auditorías de redes y realización de test de penetración. Las utilidades: dsniff, filesnarf, mailsnarf, msgsnarf, urlsnarf, and webspy monitorizan una red de forma pasiva y capturan datos de potencial interés, como contraseñas, correos electrónicos, ficheros, etc. Por su parte, las utilidades arpspoof, dnsspoof, y macof permiten la intercepción de tráfico de red habitualmente no accesible para un hacker, por ejemplo, el flujo de la capa de nivel 2, entre switches de una red. Por último, las utilidades sshmitm y webmitm implementan ataques activos contra sesiones SSH y HTTPS explotando las vulnerabilidades de cierto tipo de contraseñas, como enlaces PKI débiles –este tipo de ataques se denominan monkey-in-the-middle–.

❑ **Cain& Abel.** Es una herramienta para recuperar contraseñas diseñadas para sistemas operativos de la familia Windows. Para ello, analiza los paquetes que surcan la red, y descifra las contraseñas mediante el uso de técnicas de fuerza bruta, análisis criptológico, grabación de conversaciones que emplean el protocolo Voz sobre IP – VoIP o ataques de diccionario entre otras técnicas. El programa también incluye otras utilidades destinadas a la administración y control de redes.

*Busca los ataques del tipo **monkey-in-the-middle** o MIM en la web.*

Busca información adicional sobre las herramientas presentadas en este apartado, los tipos de hashes que descodifican, etc.

5. Analizadores de páginas web tipo Acunetix, Dirb, Paros Proxy, etc.

Para garantizar que todo nuestro sistema está seguro, deberemos revisar las páginas web de la organización pues son un punto de entrada de información de primer nivel.

Para asegurar que las páginas webs o sites son suficientemente robustas, existen toda una serie de herramientas que analizan su estructura y contenidos, entre las cuales se encuentran las siguientes, elegidas por ser las más utilizadas:

❑ **Acunetix**. Es la compañía líder en securización de aplicaciones web a nivel mundial. Fue creada en 1997 siendo pionera en escaneo de webs, análisis y detección de vulnerabilidades web, etc. Entre sus características principales encontramos:

♦ Cross site scripting.

♦ Detección de vulnerabilidades en el propio código de la aplicación web.

♦ Reporte de bugs de la aplicación.

♦ Analizador del lado del cliente automatizado que analiza vulnerabilidades en Ajax y aplicaciones orientadas a la Web.

♦ Test de penetración especializados en HTTP.

❑ **Dirb**. Es un escaneado de contenidos web. Busca objetos, ya sea ocultos o a la vista, en la web y lanza sobre ellos ataques de diccionario probando la respuesta de la web. Contiene una lista preconfigurada de diccionarios, aunque permite la creación y uso de listas propias. Al ser un escaneador de contenidos, se complementa perfectamente con escáneres de vulnerabilidades como Acunetix.

❑ **Paros Proxy.** Es un proxy gratuito, desarrollado completamente en Java, que chequea el tráfico HTTP y HTTPS entre servidor y cliente, incluyendo cookies y formularios. Permite registrar su contenido, de forma similar al modo *debug* o depuración, utilizado en el desarrollo de aplicaciones. Existe una versión profesional, denominada Paros Proxy Pro, destinada al mercado profesional.

Mediante su modo "spider" navega toda la web, con excepción de páginas que incluyan Javascript, donde deberá accederse manualmente. Se ejecutará este modo antes de activar el **Scan**, que presenta las siguientes opciones, accesibles mediante plug-ins o piezas de código con propósito específico:

♦ Recuperación de información sobre:

◊ Ficheros obsoletos.

◊ Visibilidad de direcciones IP privadas.

◊ Presencia de sesión ID en URL.

♦ Navegador del cliente:

◊ Autocompletado de contraseñas en el navegador.

◊ Caché seguro de las páginas web.

- Seguridad del servidor:

    ◊ Visibilidad del árbol de directorios.

    ◊ Ficheros IIS por defecto.

    ◊ Ficheros ColdFusion por defecto.

    ◊ Macromedia JRunpor defecto.

    ◊ Visibilidad de ficheros fuente de Tomcat.

    ◊ Ficheros de ejemplo de BEA WebLogic.

    ◊ Ficheros de ejemplo de IBM WebSphere.

    ◊ Ficheros de ejemplo de Lotus Domino.

- Inyección de código:

    ◊ Detección de rastros de inyección SQL.

    ◊ Inyección CRLF.

    ◊ Inyección de código en "Includes" del lado del servidor.

    ◊ Cross site scripting.

    ◊ Cross site scripting sin comillas.

    ◊ Alteración de parámetros.

    ◊ Inyección de enumeraciones de MS SQL.

Busca en la web las palabras técnicas que aparecen en el texto de este apartado para aumentar la comprensión del contexto en el que se realizan las labores de escaneo.

En particular, crosssitescriptin, includes, BEA, etc.

Con el estudio de este epígrafe hemos aprendido a:

❑ *Identificar analizadores de protocolos para comprender el tráfico de una red. La finalidad es buscar los posibles ataques de red.*

6. Ataques de diccionario y fuerza bruta tipo Brutus, John theRipper, etc.

En este último apartado, vamos a ver brevemente la descripción de algunas de las técnicas de ataque más habituales, tanto a aplicaciones web, como a servidores, etc.

 **Ataque de diccionario.** *Este tipo de ataques consiste en utilizar bases de datos con los hash resultantes de cifrar los tipos de claves de acceso más comunes, incluidas todas ellas en un fichero o catálogo, más conocido como "diccionario".*

Se entiende como **hash** la aplicación de un algoritmo matemático de transformación a una cadena de texto dada, de tal manera que el resultado es otra cadena totalmente diferente, usualmente sin sentido alguno. Hay muchos tipos de hash existentes, pero entre los más conocidos se encuentra el MD5.

 *Si aplicamos a la contraseña "root123" una transformación – hash- MD5, el resultado es la cadena **ff9830c42660c1dd1942844f8069b74a**, de aspecto muy distinto.*

 *Si bien el uso de contraseñas más fuertes reducen el efecto de los ataques de diccionario, en la práctica, ninguna web es inmune a ellos. Baste como ejemplo indicar que todos los diccionarios accesibles en la web incluyen las fechas de los últimos 40 años en formato hash.*

La solución pasa por incorporar técnicas que inutilicen el ataque de diccionario. La técnica más habitual es el uso de "Salt keys" que consiste en añadir una cadena de texto fija al hash que se obtiene al introducir una contraseña en la aplicación. Dado que esta cadena es desconocida para el autor del diccionario, este dejará de servir para atacar a esta web.

 **Ataque de fuerza bruta.** *Un ataque de fuerza bruta ejecuta todas las posibles combinaciones de datos hasta alcanzar la combinación correcta. En ocasiones se nutren de diccionarios pero no siempre, dado que suelen emplear combinaciones aleatorias.*

Aunque es frecuente combinar ataques de fuerza bruta con diccionarios, curiosamente una de las herramientas más populares utiliza únicamente la fuerza bruta para descifrar contraseñas: es el programa de criptografía "**John TheRipper**". Esta utilidad es usada frecuentemente por los administradores de sistemas para verificar la robustez de las contraseñas de los usuarios.

Esta aplicación es capaz de romper numerosos algoritmos de cifrado, como DES, SHA-1, MD5, Hash LAN Manager, usado en Windows Server, LDAP, Kerberos y otros.

Con el estudio de este epígrafe hemos aprendido a:

❏ *Aprender cómo funciona el sistema de ataques a redes por fuerza bruta o por combinación múltiple de caracteres alfanuméricos.*

Acude a los Contenidos Extra para consultar el Resumen y realizar la Autoevaluación de esta unidad.

Descripción de los aspectos sobre cortafuegos en auditorías de sistemas informáticos

Objetivos

- ▣ Definir el concepto "Firewall".

- ▣ Diferenciar "Firewall" de "Proxy" y comprender su integración en la seguridad de una red local.

- ▣ Conocer los diversos tipos de cortafuegos en función de sus propiedades de seguridad y filtrado.

- ▣ Conocer cómo se configuran los cortafuegos y se trabaja en las tablas de filtrado.

- ▣ Observar el tráfico de puertos y direccionamiento entre WAN y LAN.

Contenido

Introducción

1. Principios generales de cortafuegos

2. Componentes de un cortafuegos de red

   2.1. El filtrado de paquetes

   2.2. El proxy de aplicación

   2.3. La monitorización y detección de actividad sospechosa

3. Relación de los distintos tipos de cortafuegos por ubicación y funcionalidad

4. Arquitecturas de cortafuegos de red

   4.1. Host de doble conexión

   4.2. Filtrado de host

   4.3. Filtrado de subred

5. Otras arquitecturas de cortafuegos de red

   5.1. Cortafuegos de filtrado de paquetes

   5.2. Arquitectura Dual-Homed Host

   5.3. Screened Host

   5.4. Screeened Subnet

   5.5. Otras arquitecturas

Acude a los Contenidos Extra para ver el mapa conceptual de esta Unidad Didáctica, objeto de estudio fundamental para situarte según avances en los contenidos.

Introducción

En esta unidad didáctica vamos a realizar un desarrollo completo de un cortafuego tanto a nivel conceptual cómo operativo.

Desde el comienzo de la seguridad en las redes han ido apareciendo numerosos tipos de cortafuegos lógicos y físicos. También veremos las diferencias entre ellos.

Creados para dar seguridad y protección, los cortafuegos son una herramienta fundamental para pequeñas y grandes empresas dando así un salto de calidad para poder proteger sus comunicaciones y poder filtrar tanto el tráfico de entrada como el de salida a Internet.

Haremos referencia al proceso de filtrado y a las tablas de enrutamiento de los firewalls para poder ver y comprender bien sus virtudes, trataremos dentro del módulo formativo las diferencias con los proxys y su integración o colaboración en la seguridad y filtrado de las redes.

Explicaremos que son las NAT en un firewall o las DMZ. Conceptos muy importantes para le gestión de redes.

Comprender y aprender a manejar estos sistemas de protección y filtrado son fundamentales para los administradores de sistemas.

1. Principios generales de cortafuegos

*Un **cortafuegos o firewall** es un sistema de defensa basado en el hecho de que todo el tráfico de entrada o salida a la red debe pasar obligatoriamente por un sistema de seguridad capaz de autorizar, denegar y registrar todo intento, infructuoso o no, de acceso al sistema o red interna, de acuerdo con una política de control de acceso entre redes.*

Los firewall o cortafuegos están diseñados para separar redes confiables, seguras, de otras que no lo son.

Un cortafuegos controla tanto la comunicación desde el exterior como el tráfico generado desde la propia máquina o red interna. Actúa a base de normas que establece el administrador de seguridad o, en su defecto, el administrador de red o el usuario final. Dichas reglas definen las acciones correspondientes a llevar a cabo cuando se recibe un paquete que cumpla unas determinadas características.

En definitiva, entenderemos como cortafuego todo sistema empleado para "separar" una máquina o una subred del resto, protegiéndola de servicios y protocolos que puedan suponer una amenaza a la seguridad desde el exterior.

A pesar de que hay programas que se venden bajo la denominación de firewall, este no es un programa informático, es un conjunto de medidas hardware y software destinadas a asegurar una instalación de red.

De esta manera, el espacio protegido por un coratafuegos se denomina **perímetro de seguridad**, mientras que la red externa recibe el nombre de **zona de riesgo**.

Figura 1. Esquema básico de la disposición de un firewall.

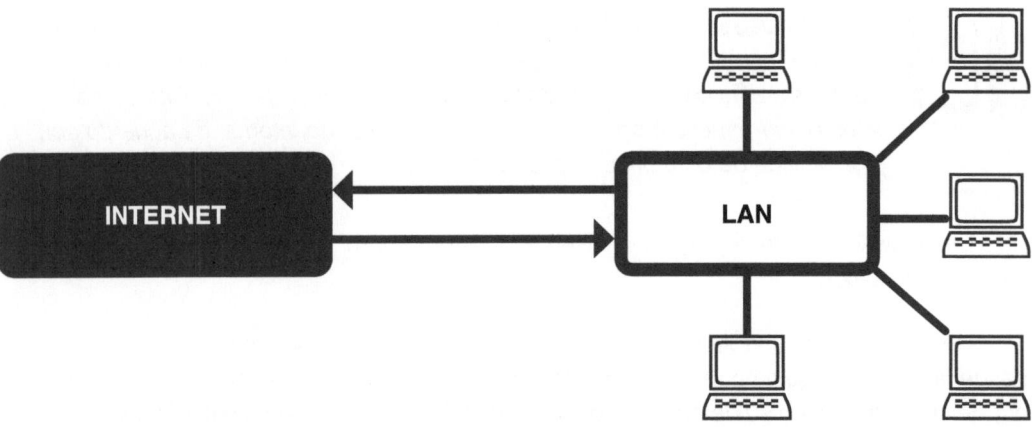

Figura 2. Red expuesta a Internet, al no disponer de firewall.

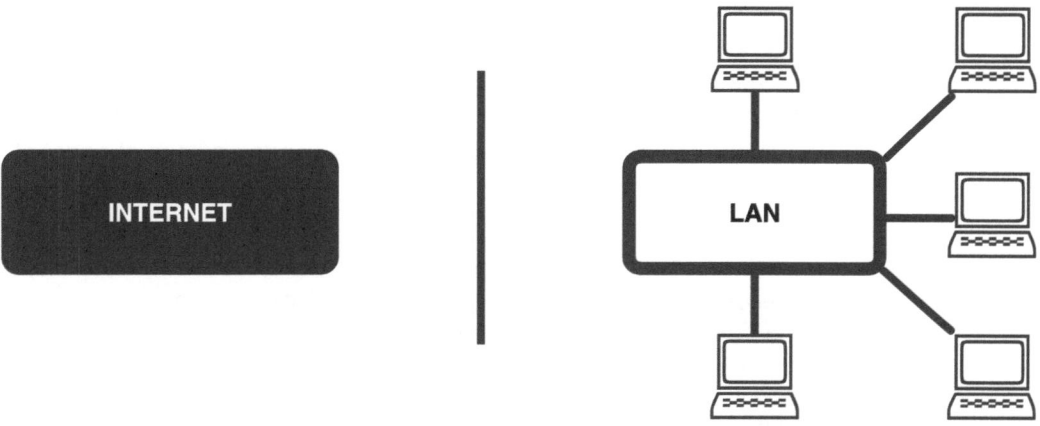

Figura 3. Red desconectada de Internet. El método más seguro, pero no el más útil.

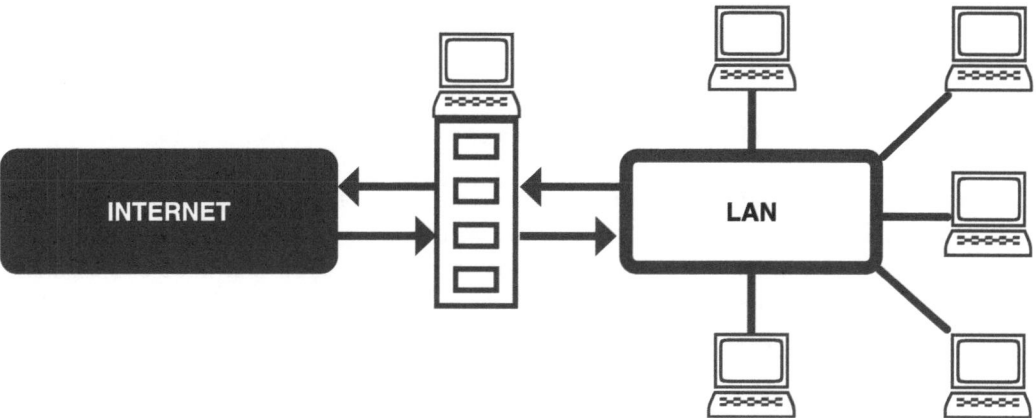

Figura 4. Red conectada a Internet a través de un firewall.

Resulta evidente que la forma de aislamiento más efectiva es el mantenerse desconectado de la red externa (Figura 1). Sin embargo, esta situación resulta poco habitual, ya que la mayoría de organizaciones necesitan compartir información a largas distancias (Figura 2). En dicha situación es en la que resulta efectivo implementar cierta separación lógica entre la máquina o red interna e Internet mediante un cortafuego (Figura 4).

Los cortafuegos son uno de los dos enfoques básicos que se han dado al aspecto de la seguridad en redes telemáticas:

❑ En primer lugar, se trata de definir la estrategia de defensa en profundidad de los servidores que vayan a ser accedidos desde las redes públicas, es decir, proteger cada una de las máquinas susceptibles de ser accedidas por personas no autorizadas.

❑ Por otro lado, se trata de establecer **la defensa del perímetro de seguridad** respecto del exterior, es decir, llevar toda la carga correspondiente a la seguridad en la red corporativa al elemento de conexión de dicha red con el exterior o con las redes en las que se encuentren las personas que pueden querer acceder a nuestros recursos de forma no autorizada. **En este último aspecto es donde aparece el concepto de firewall.**

Las funciones básicas de un cortafuego se pueden resumir en:

❑ Filtrar los accesos no autorizados (mediante filtrado de paquetes, o bien observando el contenido de las unidades de protocolo de transporte, sesión, Presentación, y aplicación).

❑ Llevar la contabilidad de las transacciones que se llevan a cabo en la red.

❑ Alertar en caso de ataques o de comportamiento extraño de los sistemas de comunicación.

A fin de entender bien el contenido de esta unidad, incluimos una serie de definiciones que utilizaremos ampliamente.

❑ *Host:* sistema informático conectado a una red.

❑ **Máquina o host bastión *(o gates):*** sistema especialmente asegurado, pero vulnerable en principio a todo tipo de ataques por estar abierto a Internet. Tiene como función ser el punto de contacto de los usuarios de la red interna de una organización con otro tipo de redes. Filtra el tráfico de entrada y salida. Esconde la configuración de la red hacia fuera.

❑ **Paquete:** unidad elemental de comunicación entre redes.

❑ **Filtrado de paquetes *(screening):*** acción de denegar o permitir el flujo de tramas entre dos redes de acuerdo a unas normas predefinidas. Los dispositivos que lo implementan se denominan chokes (puede ser la máquina bastión o un elemento diferente).

❑ **Proxy:** aplicación o dispositivo hardware que hace de intermediario entre los usuarios, normalmente entre una red local e Internet. El proxy recibe peticiones de usuarios y las redirige a Internet.

Algunas de sus características son:

◆ Servidor de caché: cuando un usuario accede a una página, el proxy mira si dicha página se encuentra en caché y la "entrega" al usuario. En caso contrario, el proxy accede a Internet, obtiene la página y se la envía al usuario.

♦ Actúa de forma transparente al usuario (aunque el usuario tendrá que indicar que accede a Internet a través de un proxy, así como la dirección IP del proxy y el puerto por el que accede).

♦ Puede realizar funciones de filtrado respecto al acceso de páginas de Internet.

❑ **Política de seguridad:** documento firmado por la alta gerencia de la empresa y mediante el cual se especifican distintos aspectos referentes a la seguridad informática de la misma empresa, como por ejemplo:

♦ Número de caracteres de las contraseñas de los usuarios.

♦ Periodo de tiempo de validez de las contraseñas.

♦ Protocolos que se van a permitir entre las máquinas internas y las externas.

♦ Control del acceso restringido a los recursos internos.

Con el estudio de este epígrafe hemos aprendido a definir el concepto de firewall.

2. Componentes de un cortafuegos de red

En todo cortafuegos existen tres componentes básicos para los cuales se ha de implementar los mecanismos necesarios para hacer cumplir la política de seguridad:

❑ El filtrado de paquetes.

❑ El proxy de aplicación.

❑ La monitorización y detección de actividad sospechosa.

2.1. El filtrado de paquetes

El filtrado de paquetes, además de utilizarse para reducir la carga de red, también se emplea para implementar distintas políticas de seguridad en una red. Respecto al objetivo principal de dichas políticas de seguridad, es habitual el hecho de evitar el acceso no autorizado entre dos redes, manteniendo los accesos autorizados.

Los sistemas de filtrado de paquetes encaminan los paquetes entre los **hosts** de una red interna y los **hosts** de una red externa. De modo selectivo, permiten o bloquean ciertos tipos de paquetes de acuerdo a una política de seguridad. A su vez, el tipo de **router** que se usa en el filtrado de paquetes se conoce con el nombre de **screeningrouter**.

El funcionamiento es el siguiente:

❑ Se analiza la cabecera de cada trama.

❑ Se comprueban reglas establecidas de antemano que contemplan:

♦ Información de la cabecera de la trama:

◊ El protocolo utilizado (TCP, UDP, ICMP).

◊ Las direcciones fuente y destino.

◊ Los puertos fuente y destino.

♦ Información que conoce el **Router** acerca del paquete:

◊ La interfaz del **Router** por donde se ha de reenviar el paquete.

◊ La interfaz por donde ha llegado el paquete.

❑ En función de dichas reglas, la trama es bloqueada o se le permite seguir su camino.

Un ejemplo sobre cómo se debería programar un **screeningrouter** para seleccionar los paquetes que van desde y hacia nuestro sistema, sería el siguiente:

❑ Bloquear todas las posibles conexiones desde sistemas de fuera de la red interna, excepto de las conexiones SMTP (para poder recibir correo).

❑ Bloquear todas las conexiones hacia y desde ciertos sistemas que no nos den confianza.

❑ Permitir los servicios de email y FTP, pero bloquear los servicios peligrosos como TFTP, el sistema X Window, RPC y los servicios "r" (rlogin, rsh, rcp, etc.).

2.1.1. Especificación de las reglas

Habitualmente, las reglas se expresan como una simple tabla de condiciones y acciones que se consulta en orden hasta encontrar una regla que permita tomar una decisión sobre el bloqueo o el reenvío de la trama.

ORIGEN	DESTINO	TIPO	PUERTO	ACCIÓN
158.42.0.0	*	*	*	drop
*	195.53.22.0	*	*	drop
150.128.40.0	*	*	*	accept
*	193.22.34.0	*	*	drop

Tabla 1. Reglas de filtrado.

Supongamos algunas reglas de filtrado son las establecidas en la tabla 1, pueden presentar los siguientes casos:

1. *Llega un paquete procedente de una máquina de la red 158.42.0.0: se bloquea su paso, sin importar el destino de la trama.*

2. *Tráfico hacia la red 195.53.22.0: se bloquea.*

3. *Llega un paquete de un sistema de la red 150.128.40.0 hacia 193.22.34.0: una de las reglas indica que se le permita el paso, pero la siguiente regla indica que se bloquee sin importar el origen:*

   ✱ *Si las reglas se comprueban desde el principio, el paquete atravesaría el cortafuegos, ya que al analizar las tercera entrada de la fila se finalizarían las comprobaciones.*

   ✱ *Si las reglas se comprueban desde el final, el paquete se bloquearía inmediatamente.*

   Como se puede ver, el orden de las entradas en la tabla es determinante para lo que pueda suceder.

4. *Llega un paquete que no cumple ninguna de las reglas: la acción depende de la implementación:*

   ✱ *Se deniega el paso por defecto (lo más recomendado).*

   ✱ *Se aplica el contrario de la última regla especificada.*

   ✱ *Se permite el paso por defecto, ...*

Para evitar el dilema en el ejemplo anterior, lo mejor es insertar al final de la tabla una regla con la acción por defecto del tipo, como se puede observar en la Tabla 2, donde **acción** tomará el valor ***drop*** o ***accept***, según los paquetes que no cumplan ninguna de las reglas se deseen bloquear o permitir el paso respectivamente.

ORIGEN	DESTINO	TIPO	PUERTO	ACCIÓN
*	*	*	*	acción

Tabla 2. Reglas de filtrado: regla por defecto.

Ciertas implementaciones permiten indicar si el bloqueo de un paquete se notificará a la máquina origen mediante un mensaje ICMP.

Servicio	Puerto	Servicio	Puerto	Servicio	Puerto	Servicio	Puerto	Servicio	Puerto
bootp	67,68	shell	514	dns	53	ntp	123	echo	7
tftp	69	syslog	514	gopher	70	imap	143	discard	9
rpc	111	ftp	20,21	http	80	snmp	161	systat	11
rexec	512	telnet	23	pop	109,110	timed	525	finger	79
rlogin	513	smtp	25	uucp	117,540	printer	515	who	513
rsh	514	time	37	nntp	119	rip	520	whois	43

Tabla 3. Puertos correspondientes a diferentes servicios.

Podríamos definir una regla que no dejara pasar ningún paquete proveniente de Internet, cuyo destino fuese nuestro ordenador y, más concretamente, el puerto 80 (HTTP) de nuestro ordenador. En la tabla 3 se muestran algunos de los servicios junto con los puertos correspondientes, que pueden interesar vigilar.

2.1.2. Características

El filtrado de paquetes tiene importantes puntos fuertes, son los siguientes:

❑ Resulta muy rápido y económico instalar un control basado en el filtrado de paquetes.

❑ Resulta totalmente transparente.

❑ Si el número de reglas creadas no es muy elevado, no llega a imponer una sobrecarga importante de procesamiento en el **screeningrouter,** por lo que el rendimiento de la red no se verá afectado.

Por el contrario, también presenta una serie de debilidades:

❑ Definir las reglas de filtrado puede convertirse en una tarea muy complicada, ya que existen muchos aspectos en la especificación de los servicios de Internet y de los protocolos que, si no se conocen a fondo para su correcta configuración, pueden dejar abierta la puerta a ataques variados (ataques de falsificación de dirección IP origen, ataques de enrutamiento de origen, ataques de fragmentación, etc.).

❑ Cuanto mayor sea el número de reglas, menor será el rendimiento del **screeningrouter,** que en principio está diseñado únicamente para enrutar paquetes, no para tomar decisiones acerca de si debería o no debería hacerlo.

❑ Si el cortafuegos acepta un servicio no es capaz de bloquear selectivamente ciertos comandos del servicio o rechazar ciertos contenidos, por lo que son susceptibles a ataques basados en datos.

2.1.3. Diferencia entre un router ordinario y un screeningrouter

Un **router** ordinario simplemente comprueba la dirección de destino de cada paquete y escoge el mejor modo de enviar el paquete hacia dicho destino. La decisión sobre cómo manejar el paquete se basa únicamente en su destino. Se pueden dar dos posibles casos:

❑ El **router** sabe enviar el paquete hacia su destino y lo envía.

❑ El **router** no sabe enviar el paquete hacia su destino y devuelve el paquete a su origen con un mensaje ICMP de "destino inalcanzable".

Por otra parte, un **screeningrouter** examina los paquetes más detenidamente. Además de determinar si puede encaminar el paquete hacia su destino, decide si debería hacerlo, de acuerdo a la política de seguridad con la que se ha configurado.

2.2. El proxy de aplicación

Un **proxy de aplicación** es una aplicación software capaz de filtrar las conexiones a servicios, es decir, capaz de reenviar o bloquear conexiones a servicios.

La actuación de un **proxy** entre un usuario de la red interna y un servicio de la red externa es más o menos transparente.

 *Los **proxys** cogen las peticiones de los usuarios sobre servicios de Internet, como FTP y Telnet, y responden a dichas peticiones según la política de seguridad. Proporcionan conexiones y actúan de pasarela entre la propia máquina o la red interna y la red externa. Por este motivo, también se denominan **pasarelas de nivel de aplicación.***

Un proxy precisa, a su vez, de dos componentes: un servidor proxy y un proxy cliente:

❑ El servidor proxy se ejecuta en un ***host*** situado entre la red interna y la externa, mientras que el proxy cliente es una versión especial de un programa cliente normal como Telnet o FTP cliente, que se comunica con el servidor proxy como si fuera el servidor "real" de la red externa.

❑ El servidor proxy evalúa las peticiones del proxy cliente y decide si aprobar o denegar la petición. Si la petición se aprueba en desacuerdo con la política de seguridad, el servidor proxy contacta con el servidor "real" y mandará las respuestas del servidor "real" al proxy cliente.

Los **proxys de aplicación** ofrecen una serie de ventajas sobre seguridad, entre otras:

❑ Solo permiten la utilización de servicios para los que existe un ***proxy***, por lo que el administrador de red tiene un control absoluto sobre los servicios soportados por el ***proxy***.

❑ En comparación con el filtrado de paquetes, en la pasarela es posible filtrar protocolos basándose en algo más que en la cabecera de las tramas. De este modo, resulta posible tener habilitado un servicio con sólo una serie de comandos permitidos.

❑ La pasarela de aplicación permite un grado de ocultación de la estructura del perímetro de seguridad, ya que se pueden enmascarar la dirección de las máquinas de la red interna. Es decir, actúan como traductores de direcciones de red (NAT).

❑ Debido al hecho de que las aplicaciones proxy son componentes software ejecutándose en la máquina ***bastión***, se facilita la autenticación y la auditoría del tráfico sospechoso antes de que alcance el ***host*** destino.

❑ Se simplifican las reglas de filtrado implementadas en el router, ya que únicamente se permite el tráfico hacia la pasarela, bloqueando el resto. Además, la definición de las reglas de filtrado a nivel de aplicación es mucho más sencilla que a nivel de paquete, pudiendo implementar reglas más conservadoras con mayor flexibilidad.

Los inconvenientes que presenta la instalación de un proxy de aplicación son, entre otros, los siguientes:

- ❑ Los cortafuegos más antiguos requerían que el usuario de la red interna instalara software especial de cliente para cada uno de los servicios habilitados. Otros requerían que, empleando el software de cliente habitual, se siguieran ciertas indicaciones de uso. De este modo, nuevas aplicaciones de Internet exigían escribir e instalar nuevos servicios proxy en el firewall y nuevos clientes proxy en los ordenadores de los usuarios. Hoy en día, los cortafuegos de aplicación son completamente transparentes para los usuarios finales.

- ❑ Es un elemento usualmente más caro y de rendimiento menor que un filtro de paquetes.

- ❑ En el caso de protocolos cliente-servidor, se requieren dos pasos para conectar hacia la zona segura o hacia el resto de la red.

- ❑ Algunas implementaciones necesitan clientes modificados para funcionar correctamente.

- ❑ Se puede producir una degradación en el rendimiento, en el caso de que sean muchos los servicios proxy en la misma máquina y las reglas de filtrado sean complejas.

- ❑ Para una total seguridad, se requiere un mecanismo adicional que restrinja las comunicaciones directas entre las máquinas de la red interna y las del exterior, como es el filtrado de paquetes.

Una variante de las pasarelas de aplicación la constituyen las **pasarelas de nivel de circuito** (*Circuit-level Gateways*), que son sistemas capaces de redirigir conexiones mediante el reenvío de tramas.

Estos sistemas no pueden procesar o filtrar paquetes en base al protocolo utilizado, sino que se limitan únicamente a autenticar la conexión del usuario antes de establecer el circuito virtual entre sistemas. Además, resultan ventajosos dado que proveen de servicios a un amplio rango de protocolos. Sin embargo, necesitan software especial que tenga las llamadas al sistema clásicas sustituidas por funciones de librería seguras, como SOCKS.

2.3. La monitorización y detección de actividad sospechosa

Un buen firewall debe permitir el seguimiento de los registros anómalos permitidos realizados hacia y desde el sistema. Por lo que resulta imprescindible monitorizar su actividad para garantizar la seguridad del sistema. La monitorización facilita información sobre:

- ❑ Intentos de ataque: origen, franjas horarias, tipos de acceso, etc.

- ❑ Existencia de tramas sospechosas.

La información que se registrará es la siguiente:

❑ Tipos de paquetes recibidos, frecuencias, direcciones fuente y destino.

❑ Información de la conexión: origen y destino, nombre de usuario, hora y duración.

❑ Intentos de uso de protocolos denegados.

❑ Intentos de falsificación de dirección por parte de máquinas internas al perímetro de seguridad (paquetes que llegan desde la red externa con la dirección de un equipo interno).

❑ Tramas recibidas desde routers desconocidos.

Para registrar esta información es necesario indicar las siguientes características:

❑ Información de servicio: fecha y hora.

❑ Información remota: la/s dirección/es IP del presunto atacante, así como su puerto y el protocolo de comunicación utilizado.

❑ Información local: dirección IP de destino y su puerto de acceso.

❑ Filtrado de información: forma en que ha actuado el filtro que empleamos y qué adaptador de red lo hizo.

❑ Paquetes de información: primeras líneas (de identificación) de cada uno de los paquetes (generalmente, en formato hexadecimal).

Todos estos registros quedan almacenados en archivos de registro (también conocidos como *logs*), que deben revisarse frecuentemente a fin de detectar actividades sospechosas, ante las cuales el administrador de la red deberá valorar qué medidas tomar.

En el apartado de monitorización, debemos mencionar la tecnología **Stateful Multi-Layer Inspection** (SMLI) dado que supone una extensión del filtrado de paquetes, pues no se limita a examinar los paquetes a nivel de red, sino que los analiza a todos los niveles de la pila de protocolos y extrae información relevante sobre el estado de la comunicación y de la aplicación.

Mediante esta tecnología, para cada conexión TCP o UDP, el cortafuegos crea una tabla con las direcciones IP de origen y destino, números de puertos origen y destino, números de secuencia de los paquetes, entre otros datos adicionales asociados a la conexión en particular.

Así, y gracias a su motor de inspección y la información de estado de la conexión almacenada en las tablas, el **firewall** puede implantar la política de seguridad de la organización.

Además, este motor de inspección cuenta con una serie de ventajas como las que se describen a continuación:

❑ El rendimiento no se ve afectado significativamente, pues al operar principalmente a los niveles bajos de la pila de protocolos, el proceso es mucho más rápido. De este modo, no afecta el número de usuarios conectados a través del cortafuegos.

❑ Se puede adaptar a protocolos y aplicaciones nuevamente definidos, facilitando así la escalabilidad. Es decir, el cortafuegos es transparente para las aplicaciones y los usuarios, ya que no necesitan modificar o instalar software adicional.

Como contrapunto, la tecnología SMLI no es capaz de evitar los ataques más sofisticados enmascarados a nivel de aplicación, como desbordamientos de buffer o comandos de aplicación ilegales o inseguros.

Con el estudio de este epígrafe hemos aprendido a:
❑ *Diferenciar "Firewall" de "Proxy" y comprender su integración en la seguridad de red local.*

3. Relación de los distintos tipos de cortafuegos por ubicación y funcionalidad

Hay distintos tipos de firewalls, pero destacamos los existentes:

❑ **Firewalls de filtrado de paquetes o a nivel de red**: suele ser un ordenador con características específicas, actualmente se denominan *appliances*, que examina las direcciones de los paquetes para determinar si el paquete debe pasar a la red local o debe impedirle el acceso. El firewall utiliza la información contenida en la cabecera del paquete para controlar el acceso del mismo.

Como ejemplo, podríamos configurar un firewall para que bloquease todos los mensajes que provengan de un sitio determinado, así como todos los paquetes destinados a esa dirección.

Para asegurar su correcto funcionamiento, debemos indicar al router o encaminador que deseamos bloquear los paquetes con información que contenga la dirección de los sitios de origen no confiable. Con este sistema podemos bloquear todo un sitio, es decir, toda una red entera, pero no un único usuario o un ordenador concreto de otra red.

Según hayamos configurado el archivo del router, el firewall podrá reconocer y realizará las acciones específicas para cada sitio no confiable o rango de sitios indicados. Por defecto, se suele configurar para que tenga en cuenta:

♦   Dirección de origen/destino de los datos.

♦   Protocolo de sesión de los datos. TCP, UDP o ICMP.

♦   Si el paquete es el inicio de una petición de conexión.

♦   El puerto de aplicación de origen/destino del servicio deseado.

Este tipo de firewall es muy rápido y casi totalmente transparente para los usuarios.

❑   **Servidores proxy o firewalls a nivel de aplicación:** estos servidores controlan el tráfico entre dos redes, es decir, se comunican con los servidores del exterior de la red en nombre de los usuarios que la componen. Estos firewalls enmascaran el origen de la conexión inicial y protegen la red frente a los usuarios de Internet que intentan recopilar información de su red privada.

❑   **Firewalls a nivel de circuito**: similar al tipo anterior, pues ambos son proxys. Si bien los firewalls a nivel de aplicación requieren la utilización de software de proxy especial para cada servicio que se desee incluir en la red, como FTP o HTTP, los firewalls a nivel de circuito crean un circuito entre el cliente y el servidor sin necesidad de que la aplicación "conozca" el servicio. Protegen el inicio de la transacción sin interferir en la transacción que se está realizando.

La principal ventaja reside en que proporciona servicios para una gran variedad de protocolos.

Con el estudio de este epígrafe hemos aprendido a:

❑ *Conocer los diversos tipos de cortafuegos en función de sus propiedades de seguridad y filtrado.*

4. Arquitecturas de cortafuegos de red

En este apartado, vamos a comentar los principales tipos de arquitecturas de cortafuegos de red.

4.1. Host de doble conexión

Se trata de una configuración muy simple, pero muy efectiva. La conexión de las dos redes se realiza mediante software, pues la conexión enlaza dos tarjetas de red separadas físicamente entre sí.

El principal inconveniente es que el usuario podría habilitar fácilmente, incluso por error, el encaminamiento interno, lo que deshabilitaría el firewall. Para funcionar utilizan un conjunto de **proxys** a nivel de aplicación o de circuito. El software ejecuta los **proxys** para controlar el tráfico entre ambas redes.

Debemos hacer una salvedad para los sistemas UNIX, pues son especialmente te susceptibles, ya que para que este tipo de configuración funcione correctamente es necesario que las funciones de encaminamiento estén desactivadas. Sin embargo, en algunas versiones estas funciones se habilitan de forma predeterminada. Por tanto, es necesario comprobar que el sistema operativo haya desactivado todas las funciones de encaminamiento.

4.2. Filtrado de host

Es probable que este tipo de firewalls sean los más seguros, más que los de doble conexión.

En el momento de su instalación y configuración, se añade un enrutador de filtrado a la red, lo que nos permite separar el ordenador de Internet. Este tipo de configuración es muy efectiva y fácil de mantener.

Los usuarios que deseen conectarse con Internet deberán hacerlo a través de este ordenador. De este modo, los usuarios internos creen tener un acceso directo a Internet mientras que el **host** restringe elacceso a los usuarios externos.

4.3. Filtrado de subred

Esta red permite aislar aún más la red privada de Internet. Está compuesto por un servidor proxy y dos encaminadores (routers) de filtrado independientes.

Los encaminadores controlan el tráfico de la red local, mientras que el proxy vigila y controla el tráfico de entrada y salida para Internet.

Esta configuración proporciona una defensa muy potente frente a cualquier ataque, pues al aislar el host en una red independiente, limita el daño que puede sufrir la red interna.

5. Otras arquitecturas de cortafuegos de red

5.1. Cortafuegos de filtrado de paquetes

El modelo de cortafuegos más antiguo consiste en un dispositivo capaz de filtrar paquetes, lo que se denomina **choke.** Está basado simplemente en aprovechar la capacidad que tienen algunos **routers** para bloquear o filtrar paquetes en función de su protocolo, su servicio o su dirección IP.

Esta arquitectura es la más simple de implementar y la más utilizada en organizaciones que no precisan grandes niveles de seguridad, ya que el **router** actúa como pasarela de la subred de modo que no hay necesidad de utilizar **proxies**, ya que los accesos desde la red interna al exterior no bloqueados son directos.

No obstante, resulta recomendable bloquear todos los servicios que no se utilicen desde el exterior, así como el acceso desde máquinas que no sean de confianza hacia la red interna.

*Los **chokes** presentan más inconvenientes que ventajas para la seguridad del sistema, puesto que no disponen de un sistema de monitorización sofisticado y el administrador no puede saber si su seguridad se ha visto comprometida. Por otra parte, las reglas de filtrado pueden llegar a ser complejas de establecer y por lo tanto, se hace difícil comprobar su validez.*

5.2. Arquitectura Dual-Homed Host

Este modelo se compone de máquinas Unix denominadas **anfitriones de dos bases**, equipadas con dos tarjetas de red: una se conecta a la red interna a proteger y la otra a la red externa.

De este modo, los sistemas de la red interna se pueden comunicar con el **dual-homed host**, al igual que los sistemas del exterior, por tanto, el tráfico entre la red interna y el exterior está completamente bloqueado.

Los **dual-homed hosts** pueden proporcionar un nivel de control muy elevado. **Como no se permite el tráfico de paquetes entre la red interna y la externa, la presencia de un paquete de fuente externa será una evidencia de la existencia de alguna clase de problema de seguridad**.

Todo el intercambio de datos entre las redes se realiza a través de **servidores proxy** situados en el **host bastión**. Para cada uno de los servicios que se deseen pasar a través del firewall, se ha de ejecutar un **servidor proxy**. También es necesario que esté deshabilitado el **IP Forwarding** para que el **choke** no encamine paquetes entre las dos redes.

El uso de **proxies** es mucho menos problemático, pero puede no estar disponible para todos los servicios en los que estemos interesados. La siguiente arquitectura de cortafuegos incorpora opciones extra que permiten proporcionar nuevos servicios.

 *En la arquitectura Dual-Hommed Host, el **choke** y el **bastión** coinciden en el mismo equipo.*

5.3. Screened Host

En esta arquitectura se combina **unscreeningrouter** con un **host bastión** y el principal nivel de seguridad proviene del filtrado de paquetes. El **screeningrouter** está situado entre el **host bastión** y la red externa, mientras que el **host bastión** está situado dentro de la red interna.

El filtrado de paquetes en el **screeningrouter** está configurado de modo que el **host bastión** es el único sistema de la red interna accesible desde la red externa. Incluso, únicamente se permiten ciertos tipos de conexiones. Cualquier sistema externo que intente acceder a los sistemas internos tendrán que conectar con el **host bastión**. Por otra parte, el filtrado de paquetes permite al **host** establecer las conexiones permitidas, de acuerdo con la política de seguridad, a la red externa.

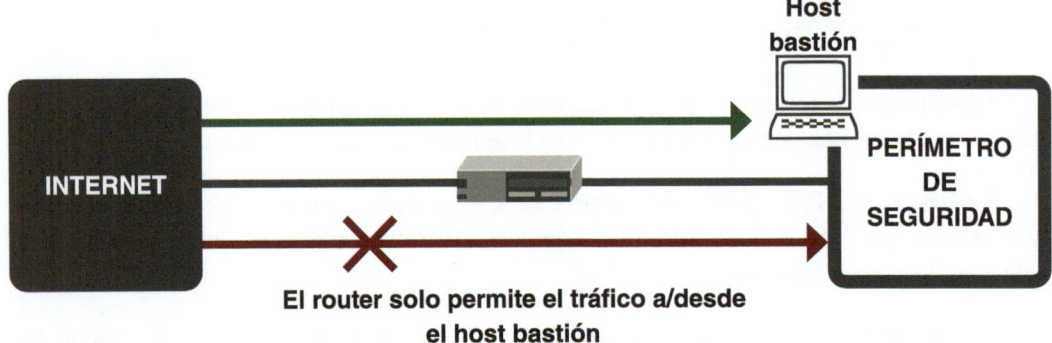

El router solo permite el tráfico a/desde el host bastión

Figura 5. Screened Host.

La configuración del filtrado de paquetes en el **screeningrouter** se puede hacer de dos formas:

❑ Permitir a otros hosts internos establecer conexiones a hosts de la red exterior para ciertos servicios.

❑ Denegar todas las conexiones desde los hosts de la red interna, forzando a los hosts a utilizar los servicios proxy a través del **host bastión**.

Es decir, los servicios se pueden permitir directamente vía filtrado de paquetes o indirectamente vía **proxy**, tanto para los usuarios internos como para los usuarios externos.

5.4. Screeened Subnet

La arquitectura **Screened Subnet** también se conoce con el nombre de red perimétrica o DMZ.

DMZ - *DemilitarizedZone*

En los modelos anteriores, la seguridad se centraba completamente en el **host bastión**, de manera que si la seguridad del mismo se veía comprometida la amenaza se extendía automáticamente al resto de la red. En cambio, en este modelo se añade un nivel de seguridad en las arquitecturas de cortafuegos situando una subred (DMZ) entre las redes externa e interna, de forma que se consigue reducir los efectos de un ataque exitoso al **host bastión**.

La arquitectura DMZ intenta aislar la máquina **bastión** en una red perimétrica, de forma que si un intruso accede a esta máquina no consigue un acceso total a la subred protegida.

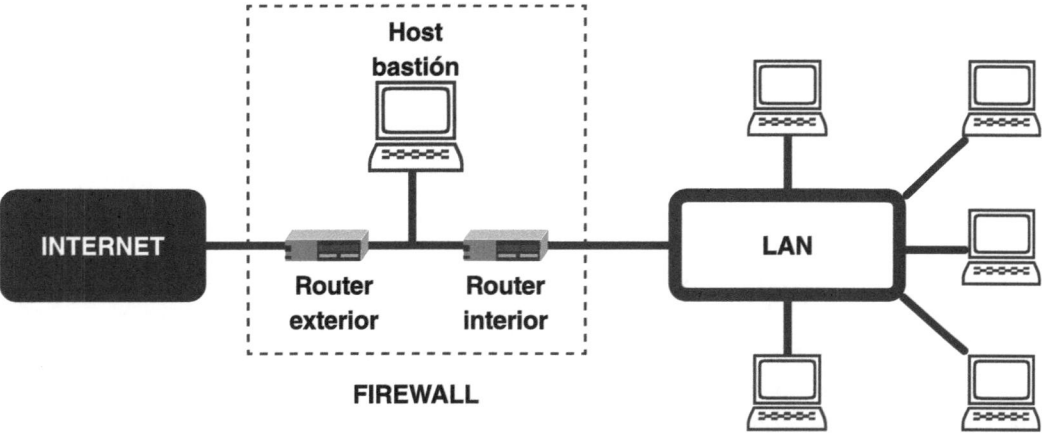

Figura 6. Screened Subnet o DMZ.

 *Una arquitectura basada en DMZ se trata de la arquitectura de firewalls más segura, pero también más compleja.*

En este caso se emplean dos **routers**, exterior e interior, ambos conectados a la red perimétrica como se observa en la figura 6. En dicha red perimétrica, que constituye el sistema cortafuegos, se incluye el **host bastión**. También se podrían incluir sistemas que requieran un acceso controlado, como baterías de módems o el servidor de correo, que serán los únicos elementos visibles desde fuera de la red interna.

La misión del **router** exterior es bloquear el tráfico no deseado en ambos sentidos, es decir, tanto hacia la red perimétrica como hacia la red externa. En cambio, el **router** interior bloquea el tráfico no deseado tanto hacia la red perimétrica como hacia la red interna. De este modo, para atacar la red protegida se tendría que romper la seguridad de ambos **routers**.

En el caso en que se desee obtener un mayor nivel de seguridad, se pueden definir varias redes perimétricas en serie, situando los servicios que requieran de menor fiabilidad en las redes más externas. Un posible atacante tendría que pasar por todas y cada una de las redes perimétricas para llegar a acceder a los equipos de la red interna. Es evidente que cada red perimétrica ha de seguir diferentes reglas de filtrado, ya que en caso contrario los niveles adicionales no proporcionarían una mayor seguridad.

Aunque se trata de la arquitectura más segura, también pueden aparecer problemas. Uno de ellos se puede dar cuando se emplea el cortafuegos para que los servicios fiables pasen directamente sin acceder al **bastión**, lo que puede desencadenar en un incumplimiento de la política de seguridad. Otro problema, es que la mayor parte de la seguridad reside en los **routers** empleados.

Las reglas de filtrado sobre estos elementos pueden ser complicadas de establecer y comprobar, lo que puede desembocar en importantes fallos de seguridad del sistema.

5.5. Otras arquitecturas

Una manera de incrementar en gran medida el nivel de seguridad de la red interna y al mismo tiempo facilitar la administración de los cortafuegos consiste en emplear un **host bastión** distinto para cada protocolo o servicio en lugar de un único **host bastión**. No obstante, muchas organizaciones no pueden adoptar esta arquitectura porque presenta el inconveniente de la cantidad de máquinas necesarias para implementar el cortafuegos. Una alternativa la constituye el hecho de utilizar un único **bastión** pero distintos servidores **proxy** para cada uno de los servicios ofrecidos.

Otra posible arquitectura se da en el caso en que se divide la red interna en diferentes subredes, lo cual es especialmente aplicable en organizaciones que disponen de distintas entidades separadas. En esta situación es recomendable incrementar los niveles de seguridad de las zonas más comprometidas situando cortafuegos internos entre dichas zonas y la red exterior.

Con el estudio de este epígrafe hemos aprendido a:

❑ *Conocer cómo se configuran los cortafuegos y se trabaja en las tablas de filtrado.*

❑ *Observar el tráfico de puertos y direccionamiento entre WAN y LAN.*

Acude a los Contenidos Extra para consultar el Resumen y realizar la Autoevaluación de esta unidad.

Guías para la ejecución de las distintas fases de auditorías de sistemas de información

Objetivos

- ☒ Capacitar para elaborar una auditoría informática.

- ☒ Identificar los diversos tipos de auditoría.

- ☒ Conocer las entidades certificadoras más comunes.

Contenido

Introducción

1. Guía para la auditoría de la documentación y normativa de seguridad existente en la organización auditada

1.1. Clasificación

1.2. Beneficios de auditoría

1.3. Normativa

2. Guía para la elaboración del plan de auditoría

2.1. Estudio General

2.2. Las condiciones económicas y del sector de la empresa

2.3. La estructura de dicha organización

2.4. Su estructura legal y operaciones

2.5. Ejecución de la auditoría

2.6. Informe final

3. Guía para las pruebas de auditoría

4. Guía para la elaboración del informe de auditoría

Acude a los Contenidos Extra para ver el mapa conceptual de esta Unidad Didáctica, objeto de estudio fundamental para situarte según avances en los contenidos.

Introducción

En esta unidad vamos a recibir formación acerca de cómo hacer una auditoría en general y cómo preparar y ejecutar una auditoría informática.

Para llevar a cabo la auditoría, se pueden seguir varios métodos y fuentes de realización pero todas encaminadas con el fin de mejorar y crear un informe de la situación actual del sistema informático.

Las auditorías se realizan con el fin de encontrar algún problema que tenemos sin resolver o con la intención de mejorar cualquier proceso.

Aprenderemos la norma iso/iec en el mundo de la informática y las telecomunicaciones.

1. Guía para la auditoría de la documentación y normativa de seguridad existente en la organización auditada

Es vital llevar un orden a la hora de realizar auditoría de redes y cumplir con la legislación vigente a la hora de auditar.

Tenemos que ser conscientes de que una auditoría nos permite **prevenir, detener y eliminar** cualquier problema dentro de nuestro sistema de información.

Auditoría informática. *Conjunto de técnicas y procedimientos, cuyo fin es evaluar y controlar un sistema con el objetivo de proteger sus recursos y activos, así como comprobar que las actividades se realizan de forma eficiente y con la normativa general de cada empresa para obtener la eficacia exigida en el marco de la Organización estableciendo planes de acción y recomendaciones.*

La auditoría es, en sí, una actividad que debe de realizarse mediante el uso de conocimientos académicos, para ello se utilizan una serie de técnicas que nos llevan a la prestación de un servicio con alto nivel de calidad y reconociendo la responsabilidad social, no solo del cliente sino del público en general, que necesite hacer el uso del dictamen del auditor, para la elección de decisiones.

1.1. Clasificación

Existen distintos tipos de auditoría:

❑ **Auditoría interna**

Es la auditoría que se hace dentro de la empresa sin contratarla por una empresa o consultoría externa.

❑ **Auditoría externa**

Aquella auditoría llevada a cabo por una empresa externa y que consiste, principalmente, en estudiar los mecanismos de control que están implantados en nuestras empresas. Se determina si los mecanismos son adecuados y cumplen con los requisitos mínimos o normativa legal vigente.

Los **mecanismos de auditoría** pretenden:

❑ Analizar la eficiencia de los sistemas informáticos, ya sean sistemas de programación o sistemas de software/hardware.

❑ Cumplir con la normativa vigente en el ámbito que corresponda.

❑ Revisión eficaz de los recursos informáticos.

Dependiendo del tipo de auditoría, podemos contratar entidades **certificadoras**. Por ejemplo; existen empresas certificadoras o sistemas Hardware/Software que pueden certificarte desde la comunicación de un punto de red o redes hasta la base de datos de un programa en concreto.

Entidades certificadoras como DELOITTE o sistemas de certificación muy comunes como "Fluke" Networks en apartados de las comunicaciones son comúnmente conocidas.

Con el estudio de este epígrafe hemos aprendido a:
❑ Conocer las entidades certificadoras.
❑ Identificar los diversos tipos de auditoría.

1.2. Beneficios de auditoría

Los beneficios de realizar una auditoría son, entre otros:

❑ Mejora de la imagen empresarial al público.

❑ Confianza en los usuarios sobre la necesidad y control de los servicios.

❑   Optimización del trabajo entre trabajadores.

❑   Disminución de costos en materia de calidad.

❑   Balance de los ingresos en TI.

❑   Control de una inversión en un entorno TI.

1.3.   Normativa

La normativa aplicable en auditorías informáticas es la siguiente:

❑   ISO/IEC 27001

❑   ISO/IEC 27004

Es la normativa por excelencia comúnmente utilizada dentro de las auditorías informáticas.

ISO/IEC 27001, creado en 2005 como un estándar para la seguridad de la información por ISO (International Organización for Standardization), pretende demostrar la garantía independiente de los controles internos y que se cumple con los requisitos de gestión corporativa y de continuidad en la actividad comercial, respetando las leyes y normativas.

La implantación de la ISO/IEC 27001 suele tener un tiempo de implantación dentro de una empresa de 6 a 12 meses, dependiendo del grado de implicación y alcance de la normativa en la empresa y generalmente se implanta con la ayuda de consultores externos.

Aquellas empresas que estén al corriente del cumplimiento de la LOPD tendrán una mejor y más rápida adaptación a la hora de implantar ISO/IEC 27001.

Para obtener la certificación de la ISO/IEC 27001 se ha de obtener una certificación de un SGSI, el cual es un proceso mediante una entidad de certificación externa e independiente acreditada y/o audita el sistema determinando su conformidad con ISO/IEC 27001.

Proceso de certificación.

 **SGSI.** *Conjunto de políticas de administración de la información.*

Está destinada para gestionar eficientemente la accesibilidad de la informa-ción, buscando integridad y disponibilidad en los activos de información.

La certificación ISO/ IEC 27001 está dentro de la **serie 27000**. Veamos la serie completa:

❑ **ISO 27000:** publicada en mayo de 2009. Contiene la descripción general y vocabu-lario a ser empleado en toda la serie 27000. Se puede utilizar para tener un enten-dimiento más claro de la serie y la relación entre los diferentes documentos que la conforman.

❑ **UNE-ISO/IEC 27001:2007** "Sistemas de Gestión de la Seguridad de la Información (SGSI). Requisitos". Fecha de la versión española 29 noviembre de 2007. Es la nor-ma principal de requisitos de un Sistema de Gestión de Seguridad de la Información. Los SGSIs deberán ser certificados por auditores externos a las organizaciones. En su anexo A, contempla una lista con los objetivos de control y controles que desa-rrolla la ISO 27002 (anteriormente denominada ISO 17799).

❑ **ISO/IEC 27002:** (anteriormente denominada ISO 17799). Guía de buenas prácticas que describe los objetivos de control y controles recomendables en cuanto a segu-ridad de la información con 11 dominios, 39 objetivos de control y 133 controles.

❑ **ISO/IEC 27003:** publicada en 2010. Contiene una guía de implementación de SGSI e información acerca del uso del modelo PDCA y de los requisitos de sus diferentes fases. Tiene su origen en el anexo B de la norma BS 7799-2 y en la serie de documentos publicados por BSI a lo largo de los años con recomendaciones y guías de implantación.

❑ **ISO 27004:** publicada en diciembre de 2009. Especifica las métricas y las técnicas de medida aplicables para determinar la eficiencia y eficacia de la implantación de un SGSI y de los controles relacionados.

❑ **ISO 27005:** publicada en junio de 2008. Consiste en una guía para la gestión del riesgo de la seguridad de la información y sirve, por tanto, de apoyo a la ISO 27001 y a la implantación de un SGSI. Incluye partes de la ISO 13335.

❑ **ISO 27006:** publicada en febrero de 2007. Especifica los requisitos para acreditación de entidades de auditoría y certificación de sistemas de gestión de seguridad de la información.

❑ **ISO 27007 e ISO 27008:** estas normas se publicaron en 2011 y se revisaron en 2020. Se basan en ISO 270006 y proporcionan directrices para que las organizaciones acreditadas realicen auditorías.

❑ **ISO 27017 e ISO 27018:** normas publicadas en 2014. Proporcionan controles para asegurar la información almacenada en la nube.

❑ **ISO 27033:** esta norma supone un código de prácticas que rige la seguridad en la red; se basa en controles para asegurar la red interna de una organización y ofrece orientación sobre especificación e implementación.

❑ **ISO 27034:** norma que se centra en la estructura de datos de los controles de seguridad de aplicaciones y su marco de predicción de aseguramiento.

❑ **ISO 27035:** se refiere a la gestión de incidentes de seguridad de la información, incluido el plan de respuesta.

❑ **ISO 27701:** se centra en la privacidad; norma publicada en respuesta al RGPD de la UE a fin de que las organizaciones aseguren la privacidad de los usuarios.

El uso de esta normativa nos ayuda a evaluar y a identificar aquellos procesos o normas ineficaces en nuestro sistema de seguridad de la información, así como controles y prioridades citadas.

2. Guía para la elaboración del plan de auditoría

El auditor debe **desarrollar y documentar un programa de auditoría** que exponga el alcance de la misma y los procedimientos planeados que se requieren para implementar el plan.

Sirve como un conjunto de instrucciones y como medio de control y registro de la ejecución apropiada del trabajo.

El programa de auditoría puede contener objetivos de la auditoría por área o departamento y un **control del tiempo** de cada proceso.

Toda auditoría pasa por una serie de etapas, veamos cuáles:

- **Etapas de la auditoría general**

    En la siguiente figura, se muestra un resumen de una auditoría global:

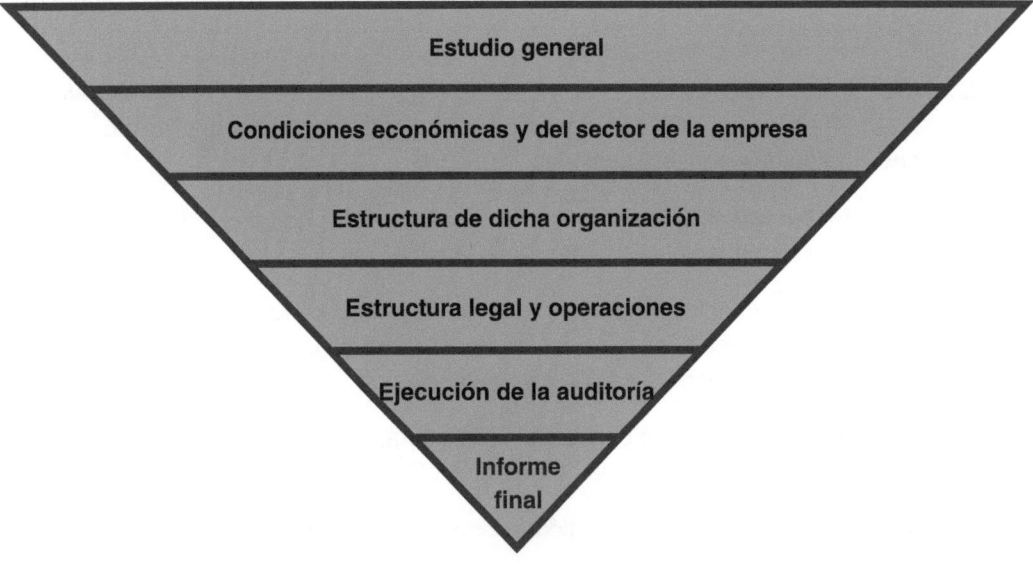

Proceso de auditoría.

2.1. Estudio General

Está basado en las características generales de la empresa. Entre ellas, su estado económico y sus elementos más importantes, de forma que nos sirva para la orientación a la hora de aplicar una serie de técnicas que resulten más convenientes en la auditoría.

El concepto que debe de tener el auditor respecto del negocio del cliente es:

- ❏   Las condiciones económicas y del sector de la empresa.

- ❏   La estructura de dicha organización.

- ❏   Su estructura legal y operaciones.

2.2. Las condiciones económicas y del sector de la empresa

El auditor tendrá un conocimiento básico referente a las condiciones económicas de la empresa, así como las condiciones que afectan a las operaciones realizadas a un cliente y los cambios que se producen en la tecnología.

La noción de las prácticas contables relacionadas en el sector de la industria en la cual el cliente se desenvuelve es de vital importancia.

2.3. La estructura de dicha organización

En una organización de cualquier magnitud, será esencial el uso de un diagrama de la organización con el fin de especificar las tareas y las responsabilidades de los diversos miembros de la misma organización.

La estructura de una asociación reparte las tareas entre los diversos empleados, las posiciones y departamentos o grupos. Para poder controlar el trabajo de la empresa, se adoptan medidas de procedimiento y métodos para proporcionar evidencias de las tareas fijadas por la estructura de la asociación que se llevan a cabo en la organización.

2.4. Su estructura legal y operaciones

La auditoría comienza con el conocimiento de las circunstancias y de la organización auditada.

La persona encargada en la auditoría deberá preparar un resumen de la naturaleza de las actividades comerciales, además de los factores más importantes de dichas actividades.

Para ello, el auditor deberá de tener conocimiento referente a las características de funcionamiento, así como de los procedimientos relativos a la administración y de su estructura legal.

El auditor deberá conocer los negocios del cliente y los factores que pueden influir en la revisión de los documentos legales de la empresa para el correcto funcionamiento del registro contable o funcional.

Hay que reconocer que sin esta fase del examen de la auditoría sería una restricción referente al alcance de esta área, ya que sería perjudicial por parte del cliente no permitir al auditor contemplar los libros de actas ya que conducirá al auditor a la denegación de un dictamen.

2.5. Ejecución de la auditoría

Se tendrán que llevar a cabo las siguientes actuaciones:

❑ **Análisis:** nos ayudarán para clasificar y agrupar elementos de la organización.

❑ **Inspección:** se trata de comprobar mediante una serie de pruebas los elementos de la organización.

❑ **Confirmación:** consistirá en una comunicación por parte de una persona independiente de la empresa que está siendo auditada para el conocimiento de las condiciones y de la naturaleza de la operación de una manera válida sobre la misma.

❑ **Investigación:** el auditor obtendrá una serie de conocimientos con los cuales se formará un juicio sobre los elementos de la empresa por medio de datos, ya que estos nos sirven de base para la toma de decisiones.

❑ **Observación:** consiste en presenciar los hechos o ciertas operaciones, mediante las cuales el auditor se da cuenta de qué forma se realizan por el personal de dicha empresa.

2.6. Informe final

Deberá argumentar el resultado del procedimiento y su opinión al respecto.

El informe tendrá que presentar datos concretos de todo el proceso que se ha sometido a auditoría. En el caso de realizarse una auditoría informatizada, personalizada a un punto en concreto o departamento en concreto, tendrá que haber un informe específico del departamento.

El objetivo de este informe será dar una opinión independiente y profesional.

3. Guía para las pruebas de auditoría

Dependiendo el tipo de auditoría, requeriremos la participación de una empresa externa dedicada a la audición de contenidos.

No obstante para probar una auditoría podremos seguir una serie de puntos o recomendaciones. Estas pueden ser las siguientes:

❑ Establecer criterios homogéneos y metodologías comunes para la realización de las pruebas de auditoría.

❏ Asegurar la adecuada planificación y realización de pruebas, evitando errores en ejecución.

❏ Asegurar la generación de evidencia de auditoría suficiente, adecuada y pertinente respecto a las pruebas realizadas con ACL.

❏ Automatizar en la medida de lo posible la ejecución de las pruebas de auditoría.

❏ Generar un fondo documental de conocimientos para la realización de pruebas de auditoría de las entidades fiscalizadas en el beneficio de fiscalizaciones subsiguientes.

4. Guía para la elaboración del informe de auditoría

El informe de la auditoría debe ser: **preciso, conciso y claro**, no ha de ser extenso, ya que no debe superar las 2/3 hojas.

Veamos un resumen de una guía de elaboración de una auditoría:

CONCEPTO	El informe es un documento emitido por los auditores, sujeto a requisitos y formalidades de la normativa reguladora de la actividad de la auditoría. En él se reflejará la opinión personal del auditor sobre el estado de la red, estructura informática, etc.
ESTRUCTURA DEL INFORME DE AUDITORÍA	Entidad auditada, personal, datos auditados...
TIPOS DE OPINIÓN QUE PUEDEN MOSTRAR LOS INFORMES	Favorable, opinión con salvedades (de acuerdo pero con ciertas reservas), opinión desfavorable u opinión denegada.
PROTOTIPOS DE INFORMES DE AUDITORÍA	El informe puede ser examinado por distintos usuarios, por lo que se debe redactar cumpliendo las características mencionadas con anterioridad.
PUBLICIDAD DEL INFORME	El informe no puede ser facilitado a terceros, salvo aprobación expresa de la entidad auditada o en los supuestos contemplados por la ley que esté en vigor.

Las auditorías externas deben contener:

❑   Resumen de todas las actividades auditadas.

❑   Declaración de confidencialidad en el manejo de la información del cliente u objetivos del cliente. Ha de cumplir con la LOPD.

Con el estudio de este epígrafe hemos aprendido a:
❑ *Capacitar para elaborar una Auditoría Informática.*

Acude a los Contenidos Extra para consultar el Resumen y realizar la Autoevaluación de esta unidad.

Acude a los Contenidos Extra para acceder a la Autoevaluación final, y consultar la webgrafía, correspondiente a esta obra.